KT
Kaiser Taschenbücher
148

Karl-Heinrich Bieritz

Grundwissen Theologie: Jesus Christus

Chr. Kaiser

Die Deutsche Bibliothek – CIP-Einheitsaufnahme

Bieritz, Karl-Heinrich:
Grundwissen Theologie / Karl-Heinrich Bieritz. – Gütersloh :
Gütersloher Verl.-Haus

Jesus Christus. – 1997
(Kaiser Taschenbücher ; 148)
ISBN 3-579-05148-2
NE: GT

ISBN 3-579-05148-2

Umschlaggestaltung: Ingeborg Geith, München, unter Verwendung
einer Abbildung aus dem »Gebetbuch der Heiligen Hildegard« (10. Jh.)
(Bayer. Staatsbibliothek, München)
Satz: Weserdruckerei Rolf Oesselmann GmbH, Stolzenau
Druck und Bindung: Clausen & Bosse, Leck
Gedruckt auf chlorfrei gebleichtem Werkdruckpapier
Printed in Germany

Inhalt

Abkürzungen für die biblischen Bücher

nach: Ökumenisches Verzeichnis der biblischen Eigennamen nach den Loccumer Richtlinien. Stuttgart, ²1981.

Altes Testament

Gen	Das erste Buch Mose (Genesis)
Ex	Das zweite Buch Mose (Exodus)
Lev	Das dritte Buch Mose (Leviticus)
Num	Das vierte Buch Mose (Numeri)
Dtn	Das fünfte Buch Mose (Deuteronomium)
Jos	Das Buch Josua
Ri	Das Buch der Richter
Rut	Das Buch Rut
1 Sam	Das erste Buch Samuel
2 Sam	Das zweite Buch Samuel
1 Kön	Das erste Buch der Könige
2 Kön	Das zweite Buch der Könige
1 Chr	Das erste Buch der Chronik
2 Chr	Das zweite Buch der Chronik
Esra	Das Buch Esra
Neh	Das Buch Nehemia
Tob*	Das Buch Tobit
Jdt*	Das Buch Judit
Est	Das Buch Ester
1 Makk*	Das erste Buch der Makkabäer
2 Makk*	Das zweite Buch der Makkabäer
Ijob	Das Buch Hiob (Ijob)
Ps	Das Buch der Psalmen (Der Psalter)

Neues Testament

Mt	Das Evangelium nach Matthäus
Mk	Das Evangelium nach Markus
Lk	Das Evangelium nach Lukas
Joh	Das Evangelium nach Johannes
Apg	Die Apostelgeschichte des Lukas
Röm	Der Brief des Paulus an die Römer
1 Kor	Der erste Brief des Paulus an die Korinther
2 Kor	Der zweite Brief des Paulus an die Korinther
Gal	Der Brief des Paulus an die Galater
Eph	Der Brief des Paulus an die Epheser
Phil	Der Brief des Paulus an die Philipper
Kol	Der Brief des Paulus an die Kolosser
1 Thess	Der erste Brief des Paulus an die Thessalonicher
2 Thess	Der zweite Brief des Paulus an die Thessalonicher
1 Tim	Der erste Brief des Paulus an Timotheus
2 Tim	Der zweite Brief des Paulus an Timotheus
Tit	Der Brief des Paulus an Titus
Phlm	Der Brief des Paulus an Philemon

Spr	Die Sprüche Salomos (Sprichwörter)
Koh	Der Prediger Salomo (Kohelet)
Hld	Das Hohelied Salomos
Weish*	Das Buch der Weisheit
Sir*	Das Buch Jesus Sirach
Jes	Der Prophet Jesaja
Jer	Der Prophet Jeremia
Klgl	Die Klagelieder Jeremias
Bar*	Der Prophet Baruch
Ez	Der Prophet Hesekiel (Ezechiel)
Dan	Der Prophet Daniel
Hos	Der Prophet Hosea
Joël	Der Prophet Joël
Am	Der Prophet Amos
Obd	Der Prophet Obadja
Jona	Der Prophet Jona
Mi	Der Prophet Micha
Nah	Der Prophet Nahum
Hab	Der Prophet Habakuk
Zef	Der Prophet Zefanja
Hag	Der Prophet Haggai
Sach	Der Prophet Sacharja
Mal	Der Prophet Maleachi

Hebr	Der Brief an die Hebräer
Jak	Der Brief des Jakobus
1 Petr	Der erste Brief des Petrus
2 Petr	Der zweite Brief des Petrus
1 Joh	Der erste Brief des Johannes
2 Joh	Der zweite Brief des Johannes
3 Joh	Der dritte Brief des Johannes
Jud	Der Brief des Judas
Offb	Die Offenbarung des Johannes

Die sogenannten ›Apokryphen‹ des Alten Testaments, die in der Regel nicht in den Bibeln ›nach der Übersetzung Martin Luthers‹ enthalten sind, sind mit einem * gekennzeichnet.

Christusbilder

Christusdarstellungen in der bildenden Kunst

Jesus Christus: Wer nach dem Christentum fragt, kommt an diesem Mann nicht vorbei. In den Kirchen, die er aufsucht, begegnet er seinem Bild in vielfältiger Weise. Da hängt er am Kreuz, mit ausgebreiteten Armen, einen Kranz von Dornen auf dem Haupt, nackt, nur die Lenden mit einem Tuch bedeckt. Oder er schreitet als Hirte über das Feld, im weißen, wallenden Gewand, mit langem Haar, sanftem Blick, Sandalen an den Füßen. Oder er thront königlich über den Wolken, im Ornat des Weltenherrschers, von einem Strahlenglanz umgeben. Oder er sitzt als Kind auf dem Schoß einer Frau, liegt in ihrem Arm, spielt mit ihrem Haar ... Die Reihe der Bilder läßt sich fast beliebig verlängern. »Das Bild Christi als der zentralen Gestalt des Christentums«, heißt es in einem Lexikon, »stand von jeher im Mittelpunkt christlicher Kunst. Sein Aussehen wechselt zwischen dem triumphierenden menschgewordenen Gott und dem leidenden Gottessohn, je nach der wechselnden Funktion des Christentums in der Gesellschaft« (Sachs u.a. 78).

Christusbilder in den Köpfen der Menschen

Der Hinweis ist wichtig: Es gibt nicht nur die Christusbilder in den Kirchen und Museen, auf den Andachtsbildchen und Kruzifixen am Wegesrand. Es gibt auch die Christusbilder in den Köpfen der Menschen, gesellschaftlich-kulturell vermittelt. Ein Beispiel: Da veröffentlicht ein Nachrichtenmagazin eine Umfrage zur Situation der Kirchen in unserem Lande. Über das Titelblatt schreitet eine Figur, die dem Christusbild entspricht, wie es die Malerschule der ›Nazarener‹ im 19. Jahrhundert entworfen und gepflegt hat: sanft, jung, ernst, fromm, fremd. Jeder, der das Bild sieht, begreift sofort: Dieser Mann hat wenig mit unserem Leben heute zu tun. Er kommt aus einer anderen Welt. In unserem Alltag könnte er allenfalls als belächelter Außenseiter existieren. Selbstverständlich nehmen die Redakteure des Blattes damit Vorstellungen auf, wie sie bei den Zeitgenossen weit verbreitet sind; Vorstellungen, die durch Tradition, Sitte und Erziehung überliefert wurden und werden. Aber sie verstärken diese Vorstellungen natürlich auch, nehmen sie für ihre Zwecke in

Gebrauch: Eine Religion, die sich solch einer weltfremden Führergestalt verpflichtet weiß, muß notwendig vor den Herausforderungen der Zeit versagen.

Andere Darstellungs- und Vermittlungsweisen

Christusbilder werden nicht nur von Malern, Bildhauern, Holzschnitzern entworfen. Sie begegnen auch auf der Bühne, im Film, im Fernsehen, in Büchern, in Erzählungen, in Gedichten, in Liedern. Religionsunterricht, Gottesdienst, Predigt, Kirchenmusik spielen – jedenfalls für diejenigen, die hierdurch erreicht werden – eine prägende Rolle. Eine nicht zu unterschätzende Bedeutung kommt auch den ›großen Erzählungen‹ zu, wie sie auf der Ebene des Festtagskalenders gesellschaftlich-kulturell präsent sind: Weihnachten, Ostern sind mit bestimmten Christusbildern verbunden, rufen sie Jahr für Jahr in Erinnerung – auf dem Markt, im Haus, auf den Bildschirmen, in der Kirche. Schließlich sind es die Repräsentanten der christlichen Religion selbst, die Bischöfe, Priester, Prediger, Lehrer, die – ob sie es wissen und wollen oder nicht – für dieses Bild in Anspruch genommen werden: Wer zum Beispiel Kindern von Jesus Christus erzählt, muß es sich gefallen lassen, daß das Christusbild, das er zeichnet, zumindest partiell seine Züge annimmt.

Gesellschaftlich-kultureller Wandel

Welches Bild machen sich die Menschen von Jesus Christus? Nach allem, was wir wissen, sind die Vorstellungen breit gefächert. »Bin ich denn Jesus?« fragt ein Jugendlicher, und er weist damit bestimmte moralische Erwartungen, die an ihn herangetragen werden, weit von sich. Ein anderer erklärt: »Jesus hat mich beeindruckt durch die Sachen, die er gemacht hat. Er hat auch wenig Wert auf Luxus gelegt, hat mehr Wert darauf gelegt, mit Menschen Umgang zu haben und ihnen zu helfen.« Für diesen Jugendlichen ist Jesus eine »Ausnahmeerscheinung, die Respekt abnötigt« (Barz 103). Bei seinen Großeltern vielleicht steht eine Kopie des ›Segnenden Christus‹ von Thorvaldsen auf der Kommode und erinnert an die eigenen Eltern: »Unsern Glauben lassen wir uns nicht nehmen.« Bilder, die sich Menschen von Christus machen, stehen in der Regel für bestimmte individuelle und kulturelle Werte, für ein bestimmtes Bild von der Welt und vom Leben – positiv oder negativ. Sie stehen für die Rolle, die dem christlichen Glauben im privaten wie im gesellschaftlichen Zusammenhang zugewiesen wird. So, wie diese Rolle sich wandelt, sind auch die Christusvorstellungen und Christusbilder dem Wandel unterworfen.

Christusbilder im Neuen Testament

Auch in den ältesten Urkunden, die uns vom Leben und Wirken des Jesus von Nazareth Nachricht geben, ist das im Prinzip nicht anders. Wer das Neue Testament aufschlägt, begegnet immer schon einem *Bild*, das sich Menschen von Jesus gemacht haben. Er begegnet *Namen*, in denen sich diese Bilder verdichten: *Christus* selber zum Beispiel ist ein solcher *Name*, der für eine bestimmte *Vorstellung* vom Wirken Jesu und seiner religiös-kulturellen Bedeutung steht. Diesen ursprünglichen Christusbildern und Christusnamen kommt freilich eine besondere Bedeutung zu: In ihnen spiegeln sich in einzigartiger Weise die Erfahrungen, die Menschen damals mit Jesus von Nazareth gemacht haben. Christusbilder, die heute kursieren, müssen es sich gefallen lassen, an diesen grundlegenden Erfahrungen gemessen zu werden. Gäbe es diese frühen Überlieferungen nicht, ständen das Christusbild und der Christusname beliebiger Deutung und Gestaltung offen. Was aber alles bedeuten kann, bedeutet letzten Endes – – nichts.

Gliederung

In diesem Buch wenden wir uns in einem ersten Durchgang diesen frühen Christusbildern des Neuen Testaments zu. Danach suchen wir exemplarisch einzelne Stationen der Kirchengeschichte auf, die mit einem Wandel des Christusbildes verbunden sind. Ein kurzer Ausblick auf gegenwärtige Vorstellungen schließt diese Einführung ab, die vor allem mit den Ursprüngen des christlichen Glaubens an Jesus, den Christus, bekannt machen will.

Jesus von Nazareth

Der Christus

Petrusbekenntnis

In Jerusalem soll sich das Schicksal Jesu entscheiden. Bevor er in die heilige Stadt aufbricht – so berichten alle drei synoptischen Evangelien –, stellt er seinen Jüngern eine Frage: »Wer sagen die Leute, daß ich sei?« (Mk 8,27; Lk 9,38). Am ausführlichsten wird die Geschichte von Matthäus erzählt (16,13-20): Einige, so erwidern die Jünger, halten dich für Johannes den Täufer, den der Landesfürst Herodes umbringen ließ. Andere halten dich für einen der alttestamentlichen Propheten – für Elia, Jeremia oder einen anderen der alten Gottesboten, der in dir wieder zur Welt gekommen ist. Darauf fragt Jesus: »Wer sagt denn ihr, daß ich sei?« Da antwortet Simon, der dann im weiteren Fortgang der Geschichte von Jesus den Beinamen Petrus (griechisch *petra* oder *petros* = der Fels, der Stein) erhält: »Du bist Christus, des lebendigen Gottes Sohn!« (16,16).

Christus, der ›Gesalbte‹

›Jesus Christus‹ wird heute vielfach als Eigenname mißverstanden. Wer die Evangelien liest, merkt freilich, daß *Christus* nicht Name im modernen Sinn, sondern Titel ist. Genaugenommen müßte es darum im Deutschen stets ›Jesus der Christus‹ heißen. Christus, griechisch *christos*: Das Wort leitet sich her von griechisch *chriein*, ›salben‹. Es hat den gleichen Stamm wie *chrisma*, mit dem man das Salböl bezeichnet, das in der Regel aus Oliven hergestellt wird.

Der Messias

Christos heißt demnach der ›Gesalbte‹; das wiederum ist Übersetzung von *Messias*, einem gräzisierten Lehnwort aus dem Aramäischen bzw. Hebräischen, das vereinzelt auch Eingang in das Neue Testament gefunden hat (Joh 1,41; 4,25). *Maschah* heißt ›salben‹, *maschiah* ist der ›Gesalbte‹, und die Genitivkonstruktion *m*^{e}*schiah jahwe* benennt den ›Gesalbten Gottes‹.

›Gesalbte‹ in Israel

Wer verstehen will, was es mit *dem* Christus auf sich hat, muß also zunächst der Begriffsgeschichte von *Messias* nachgehen. Als ›Gesalbte‹, so erfahren wir, können im Alten Testament Könige bezeichnet werden. Zweiunddreißigmal ist von einer Königssalbung die Rede (vgl. 1 Sam 9,16; 10,1; 1 Kön 1,34f.39 u. ö.). Wenn ein König ›Gesalbter Gottes‹ heißt (zum Beispiel

1 Sam 12,3.5; 2 Sam 19,22; Ps 18,51 u. ö.), so drückt das seine Erwählung, Einsetzung und Autorisierung durch den Gott Israels aus. In diesem Zusammenhang ist es bemerkenswert, daß auch der Perserkönig Kyros diesen Ehrentitel erhält (Jes 45,1). Aber nicht nur der König, auch der Hohepriester wird gesalbt, wie vor allem die Priesterschrift bezeugt (Lev 4,3.5.16; 6,15). An anderen Stellen ist von einer allgemeinen Priestersalbung die Rede (Ex 40,15; Num 3,3). Auch Propheten wird die Salbung zuteil (vgl. 1 Kön 19,16; Jes 61,1). Damit verbindet sich die Vorstellung, daß Gott ihnen in besonderer Weise seinen Geist verleiht (vgl. 2 Kön 2,9.15f).

Hoffnung auf den Davidsohn

Unter dem Eindruck geschichtlicher Katastrophen und angesichts des offenkundigen Versagens seiner Könige entsteht im Volk Israel die Hoffnung auf eine Erneuerung des Königtums Davids durch einen seiner Nachkommen. Ein frühes Zeugnis dafür ist die Weissagung, die die Überlieferung dem Propheten Nathan in den Mund legt (2 Sam 7,8-16). Er sagt zu David:

Wenn nun deine Zeit um ist und du dich zu deinen Vätern schlafen legst, will ich dir einen Nachkommen erwecken, der von deinem Leibe kommen wird; dem will ich sein Königtum bestätigen.

Erwartung einer geschichtlichen Wende

Diese Hoffnung ist zunächst innergeschichtlicher Art. Sie richtet sich auf eine grundlegende Wende innerhalb der geschichtlichen Abläufe. In eindrücklicher Weise begegnet sie vor allem im prophetischen Schrifttum. Die Datierung dieser Überlieferungen ist freilich unter den Auslegern umstritten: Handelt es sich tatsächlich um authentische Zeugnisse aus der Zeit vor dem babylonischen Exil? Oder haben sich diese Vorstellungen erst nach dem Exil herausgebildet? Deutlich ist jedenfalls, daß sich diese Hoffnung zusehends radikalisiert: Man kann sich die Wende nur noch als einen völligen Neuanfang vorstellen, dem das Gericht Gottes am Volk Israel und den Völkern vorausgeht. Solche Hoffnung auf die große Wende, heraufgeführt durch den Nachkommen Davids, verdichtet sich in überaus farbigen, poetischen Bildern. Die Attribute, die dem Davidsohn in diesem Zusammenhang beigelegt werden, verleihen ihm bereits übermenschliche Züge:

Der Friedenskönig

Denn uns ist ein Kind geboren,
ein Sohn ist uns gegeben,
und die Herrschaft ruht auf seiner Schulter;

und er heißt Wunder-Rat, Gott-Held,
Ewig-Vater, Friede-Fürst;
auf daß seine Herrschaft groß werde
und des Friedens kein Ende
auf dem Thron Davids und in seinem Königreich,
daß er's stärke und stütze durch Recht und Gerechtigkeit
von nun an bis in Ewigkeit. (Jes 9,5f)

Wiederkehr paradiesischer Zustände

Solche übermenschlichen Züge verstärken sich, wo sich mit der Hoffnung auf die Erneuerung des Davidreiches Vorstellungen von der Wiederkehr paradiesischer Zustände verbinden:

Da werden die Wölfe bei den Lämmern wohnen
und die Panther bei den Böcken lagern.
Ein kleiner Knabe wird Kälber und junge Löwen
und Mastvieh miteinander treiben. (Jes 11,6)

Universales Friedensreich

Zugleich sprengt die Hoffnung auf das Friedensreich, das der Nachkomme Davids – aus Armut und Niedrigkeit kommend – errichten wird, die engen nationalen Grenzen. Herrschen wird er »vom Strom bis an die Enden der Erde«:

Du, Tochter Zion, freue dich sehr,
und du, Tochter Jerusalem, jauchze!
Siehe, dein König kommt zu dir,
ein Gerechter und ein Helfer,
arm und reitet auf einem Esel,
auf einem Füllen der Eselin.
Denn ich will die Wagen wegtun aus Ephraim
und die Rosse aus Jerusalem,
und der Kriegsbogen soll zerbrochen werden.
Denn er wird Frieden gebieten den Völkern,
und seine Herrschaft wird sein von einem Meer bis zum andern
und vom Strom bis an die Enden der Erde. (Sach 9,9f)

Personalisierung der Zukunftshoffnungen

Die Ausleger weisen uns freilich darauf hin, daß eine solche Personalisierung der Zukunftshoffnungen Israels – insbesondere die Erwartung eines endzeitlichen Heilsbringers aus dem Geschlecht Davids – keineswegs von allen Richtungen und Gruppierungen im frühen Judentum in gleicher Weise vertreten wird. Vorherrschend, so sagt man, sind hier Zukunftsentwürfe, die ohne eine solche besondere Heilsgestalt auskommen. Sie erwarten die endgültige Wende von Gott allein: Er selbst wird sich auf eine ganz neue, unerwartete, überwältigende und unmittelbare Weise als ›König Israels‹ erweisen, auf den Berg Zion zurückkehren, Jerusalem wieder errichten und das erhoffte Friedensreich heraufführen (Jes 52,7-10).

Der Davidsohn als Messias

Auch da, wo die Zukunftshoffnungen personalisiert werden, sich also an eine künftige Heilsgestalt heften, sind die Vorstellungen zunächst sehr differenziert. Erst relativ spät – im Judentum des 1./2. Jahrhunderts vor Christus – verbindet sich die Hoffnung auf den neuen König aus dem Hause Davids mit dem Messias-Titel. Frühestes Zeugnis hierfür sind die sogenannten ›Psalmen Salomos‹, wo der Titel »Gesalbter des Herrn« (griechisch *christos kyriou*) erstmals »als substantivierte Bezeichnung einer Endzeitgestalt« auftaucht (17,32; vgl. auch 18,1.5.7; Becker 241). In den Schriften von Qumran ist von zwei Messiasgestalten die Rede, einem hohenpriesterlichen und einem königlichen ›Gesalbten‹. Es gibt also in jener Zeit nicht die Vorstellung von *dem* ›Messias‹ schlechthin, sondern durchaus unterschiedliche Erwartungen hinsichtlich endzeitlicher Heilsgestalten, die königliche, priesterliche oder prophetische Züge tragen und sich auch mit apokalyptischen Vorstellungen verbinden können: Mit dem Kommen des Messias erwarten manche Kreise nicht mehr nur eine innergeschichtliche Wende, sondern das Ende der bisherigen Geschichte schlechthin, den Anbruch eines neuen Weltzeitalters. Im Rahmen dieser Vorstellungen wird dem Messias mitunter eine befristete Aufgabe zugewiesen: Sein Kommen geht dem endgültigen Anbruch des neuen Weltzeitalters voraus.

Christusbekenntnis der Gemeinde

Du bist Christus: In diesem Bekenntnis, das die frühe Gemeinde dem Petrus in den Mund legt, sind diese überlieferten Bedeutungen gegenwärtig. Es entspringt der Überzeugung, daß Gott selber in einmaliger Weise im Geschick Jesu am Werke war. Diese Überzeugung ist der Grund, warum die frühe Christengemeinde in besonderer Weise auf jene jüdischen Überlieferungen zurückgreift, in denen die Zukunftshoffnung in der oben beschriebenen Weise eine Personalisierung erfahren hat, und in Jesus den *Messias ben David*, den königlichen ›Gesalbten‹ aus dem Geschlecht Davids, sieht. Diese Überzeugung leitet die ersten Christen dazu an, auch die differenzierten Überlieferungen im Alten Testament aus diesem Blickwinkel zu lesen und sie ›messianisch‹ auf *den Christus* hin zu interpretieren. Zugleich werden die überlieferten Vorstellungen in einer spezifischen Weise verwandelt und erweitert:

Kein irdisches Königreich

(1) Wenn die Gemeinde den Messias-Titel auf Jesus anwendet, nimmt sie ihm damit seine unmittelbar politischen Bezüge. Zwar haben offenkundig beim Prozeß Jesu auch politische Vorwürfe gegen ihn eine Rolle gespielt. Doch die Gemeinde, die seine Worte und Taten aufzeichnet und sich zu ihm als *dem* Christus, *dem* Messias bekennt, will zu erkennen geben, daß er zu keiner Zeit daran gedacht hat, die politische Herrschaft an sich zu reißen. Mit den *Zeloten* (griechisch *zelotes* = Eiferer), die eine Änderung der Verhältnisse im Lande mit Gewalt herbeiführen wollen, hat er nach ihrer Überzeugung nichts zu tun. Die Bestätigung hierfür findet sie in den Aufforderungen zu Gewaltverzicht und Feindesliebe in der Bergpredigt (Mt 5,38-48), aber auch in dem Wort, das Matthäus dem Jesus im Augenblick seiner Gefangennahme in den Mund legt: »Wer das Schwert nimmt, der soll durchs Schwert umkommen« (Mt 26,52b). Die Gemeinde macht damit deutlich: Das ›Reich Gottes‹, dessen Nähe Jesus verkündigt (Mk 1,15), ist keine politische Größe in einem unmittelbaren, vordergründigen Sinn.

Nicht von dieser Welt

Die Dramaturgie der Geschichte vom Leiden und Sterben Jesu in allen vier Evangelien lebt zu einem guten Teil von dieser Spannung zwischen vordergründig politischem Mißverständnis und einem Selbstverständnis Jesu bzw. der Gemeinde, das die politische Ebene überschreitet. Diese Spannung drückt sich aus in der Inschrift, die der Überlieferung nach über dem Kreuz Jesu befestigt wird: »Dies ist der Juden König« (Lk 23,38). Sie wird in unübertrefflicher Weise von Johannes dargestellt und zugleich aufgelöst: »Bist du der König der Juden?« fragt ihn der römische Statthalter Pilatus beim Verhör, und Jesus gibt zur Antwort: »Mein Reich ist nicht von dieser Welt« (Joh 18,33.36). Diese Spannung ist auch in den Geschichten vom Einzug Jesu in Jerusalem gegenwärtig. Jesus wird bei seinem Kommen in die heilige Stadt von der jubelnden Menge als Davidsohn, das heißt, als Messias begrüßt: »Gelobt sei das Reich unsers Vaters David, das da kommt!« (Mk 11,10). Aber er reitet – wie von Sacharja geweissagt – auf einem Eselsfüllen, und er unternimmt keinerlei Anstalten, nun die politische Macht an sich zu reißen.

(2) Die christliche Gemeinde kann mit dieser Geschichte an die Vorstellung vom friedfertigen, friedebringenden Messias

anknüpfen, wie sie auch der jüdischen Überlieferung nicht fremd ist (vgl. Sach 9,9f). Doch ist deutlich, daß diese Vorstellung im christlichen Messias-Bild bestimmendes Gewicht gewinnt. Das gilt erst recht für das Leiden und Sterben des Christus: Zwar begegnet auch in jüdischer Tradition – so im Zusammenhang des Bar-Kochba-Aufstandes im 2. Jahrhundert nach Christus – die Vorstellung eines leidenden und sterbenden Messias. Daß seinem Tod jedoch Heilsbedeutung zukommt, scheint ein genuin christlicher Gedanke zu sein. Es scheint auch so, daß die Lieder vom ›leidenden Gottesknecht‹, wie sie sich bei Deuterojesaja finden (Jes 42,1-4; 49,1-6; 50,4-9; 52,13-53,12), erst durch die Christen auf den Messias gedeutet werden. Der Evangelist Lukas legt solche Deutung gar dem auferstandenen Jesus selber in den Mund: Den verwirrten, resignierten Jüngern, die nach der Kreuzigung Jerusalem verlassen, deutet er auf dem Weg nach Emmaus unerkannt die prophetischen Schriften aus: »Mußte nicht Christus dies erleiden und in seine Herrlichkeit eingehen?« (Lk 24,26). Dazu muß man einige Passagen aus den Gottesknechtliedern im Ohr haben:

Der leidende und sterbende Messias

Fürwahr, er trug unsre Krankheit
und lud auf sich unsre Schmerzen.
Wir aber hielten ihn für den, der geplagt
und von Gott geschlagen und gemartert wäre.
Aber er ist um unsrer Missetat willen verwundet
und um unsrer Sünde willen zerschlagen.
Die Strafe liegt auf ihm, auf daß wir Frieden hätten,
und durch seine Wunden sind wir geheilt. (Jes 53,4f).

Gottesknechtlieder

(3) *Du bist Christus*: Dem Bekenntnis, das die frühe Gemeinde dem Petrus in den Mund legt, entspricht das Bekenntnis, das Jesus selber nach dem Zeugnis der Evangelien vor dem Hohen Rat ablegt. Im Verhör fragt ihn der Hohepriester: »Bist du der Christus, der Sohn des Hochgelobten?« Und Jesus antwortet: »Ich bin's; und ihr werdet sehen den Menschensohn sitzen zur Rechten der Kraft und kommen mit den Wolken des Himmels« (Mk 14,61f). Hier bekennt Jesus sich selbst dazu, der Messias im Sinne der alttestamentlich-jüdischen Überlieferung zu sein. Und er unterstreicht das, indem er von der Erhöhung des ›Menschensohnes‹ – von dem Begriff wird noch zu handeln sein – zur Rechten Gottes und von seiner Wiederkunft

Bekenntnis vor dem Hohen Rat

spricht; ein Satz, der deutlich an die entsprechende Passage im christlichen Glaubensbekenntnis erinnert.

Selbstverständnis Jesu

Hat sich Jesus selber als der Messias, als ›der Christus‹ verstanden? Oder wird ihm dieser Titel erst von der christlichen Gemeinde verliehen? Die Frage wird von den Auslegern kontrovers beantwortet. Kaum bezweifelt wird, daß Jesus ein besonderes Sendungsbewußtsein besessen hat; ob sich dies freilich auf seine messianische Sendung bezog, scheint fraglich. Interessant sind in diesem Zusammenhang die Sätze, mit denen sich Jesus *über* das alttestamentliche Königtum, aber auch *über* die Propheten stellt: »Siehe, hier ist mehr als Salomo«; »Und siehe, hier ist mehr als Jona« (Lk 11,31f). Interessant ist auch die Passage, in der Jesus den Messias aus der Davidsohnschaft herauslöst, ihn über David stellt (Mk 12,35-37). Aber auch dabei kann es sich um eine nachösterliche Bildung der Gemeinde handeln, die sich damit von den Messias-Erwartungen in ihrem Umfeld absetzt.

Christusbekenntnis bei der Taufe

(4) Unbestritten ist, daß die Gemeinde sich schon früh – in der oben geschilderten, verwandelten und erweiterten Weise – zu Jesus als ›dem Christus‹ bekannt hat. Dieses Glaubensbekenntnis mag – wie andere Bekenntnisformeln auch – seinen Ort primär bei der Taufe und in der Taufunterweisung gehabt haben. Ein aufschlußreicher Beleg hierfür findet sich in einem Zusatz zu der Geschichte von der Taufe des äthiopischen Finanzministers durch den Evangelisten Philippus, wie sie Lukas in der Apostelgeschichte erzählt (8,26-40). Nachdem ihm Philippus das Evangelium von Jesus, der der Christus ist, anhand einer Stelle aus Deuterojesaja – sie handelt bezeichnenderweise vom ›leidenden Gottesknecht‹ – ausgelegt hat, sagt der Äthiopier: »Siehe, da ist Wasser; was hindert's, daß ich mich taufen lasse?« Philippus antwortet: »Wenn du von ganzem Herzen glaubst, so kann es geschehen.« Darauf der Äthiopier: »Ich glaube, daß Jesus Christus Gottes Sohn ist« (8,37). Aus diesem Bekenntnis, das der Täufling bei seiner Taufe ablegt, entwickelt sich vermutlich das christliche Glaubensbekenntnis in seinen unterschiedlichen Überlieferungsformen. Sein Kern wiederum wird bleibend bestimmt durch das Bekenntnis zu Jesus, dem Christus.

Christustitel bei Paulus

(5) Ein besonders ausgeprägter Gebrauch des Christus-Titels findet sich bei Paulus. Im Bild von der Gemeinde als ›Leib

Christi‹ (griechisch *soma christou;* Röm 12,5; 1 Kor 12,12.27) gewinnt der Christus gleichsam überindividuelle Züge: Von *einem* Geist bewegt, zu *einem* Leib getauft (1 Kor 12,13), verbinden sich die einzelnen Glaubenden dem Geschick *des Christus,* werden ihm gleich im Sterben, um auch an seiner Auferstehung teilzuhaben (Röm 6,5). Paulus beschreibt das Verhältnis des Glaubenden zu *dem Christus* als ein Verhältnis wechselseitiger Teilhabe und Teilgabe – ich in Christus, Christus in mir: »Ich lebe, doch nun nicht ich, sondern Christus lebt in mir« (Gal 2,20); »Ist jemand in Christus (griechisch *en christo*), so ist er eine neue Kreatur« (2 Kor 5,17). In der Feier des Herrenmahls – in der Teilhabe an dem *einen* Brot und dem *einen* Kelch – gewinnt solche ›leibliche‹ Gemeinschaft ›in Christus‹ eine ausdrucksstarke, sozial wirksame Gestalt (1 Kor 10,16f; 11,17-34).

Der Sohn Gottes

Sohn Gottes

»Du bist Christus, des lebendigen Gottes Sohn«: Im Bekenntnis des Petrus begegnet noch ein zweiter, für den christlichen Glauben wichtiger Titel, der dem Jesus aus Nazareth beigelegt wird – *Sohn Gottes* (griechisch *hyios tou theou*) oder einfach nur *Sohn.* Mehr noch als der Christus-Titel bereitet der Sohnes-Titel dem modernen Verständnis Schwierigkeiten: Wie ist solche ›Sohnschaft‹ zu verstehen? Wieder ist ein Blick auf die Begriffsgeschichte unumgänglich:

Vater und Sohn: ein Rechtsverhältnis

›Vater‹ ist in der Antike primär ein Begriff der rechtlichen Ordnung: Er bezeichnet den ›Herrn des Hauses‹, der über die Hausangehörigen – Frau(en), Kinder, andere Verwandte und Hausinsassen, Sklaven – Macht hat (das meint auch die altlateinische Bezeichnung *pater familias* = ›Herr der Hausgenossenschaft‹). Demzufolge ist auch das Verhältnis von Vater und Sohn vor allem ein Rechtsverhältnis, das nicht nur in der biologischen Abstammung gründet: Wichtiger als die Geburt selbst ist in den alten Kulturen vielfach der Akt der ausdrücklichen Annahme des (neugeborenen) Sohnes durch den Vater. Solche Annahme – einer Adoption vergleichbar – kann dann auch ›Söhnen‹ zuteil werden, die in keiner blutsverwandtschaftlichen Beziehung zum ›Herrn des Hauses‹ stehen.

Gottessohnschaft im Alten Testament

Auch im Alten Testament muß dieser rechtliche Rahmen vorausgesetzt werden. Das ist wichtig für das Verständnis dessen, was die Rede von der ›Gottessohnschaft‹ dort meint: Es geht primär um einen Akt der Annahme und der Bevollmächtigung. Die Erwählung zum ›Sohn Gottes‹ bedeutet die Übertragung einer Aufgabe, einer Rolle, einer Vollmacht, die Zuweisung einer bestimmten Stellung in der ›Hausordnung Gottes‹ (griechisch *oikonomia*, von *oikos* = Haus).

Erwählung durch Gott

Insgesamt sind die Belege eher spärlich. Im Buch der Psalmen stoßen wir auf die sogenannten Königspsalmen, in denen dem irdischen König die ›Gottessohnschaft‹ zugesprochen wird:

Er wird mich nennen: Du bist mein Vater,
mein Gott und Hort, der mir hilft.
Und ich will ihn zum erstgeborenen Sohn machen,
zum Höchsten unter den Königen auf Erden
(Ps 89,27f; vgl. auch 2,7)

Diese Vorstellung kann sich mit der Erwartung eines künftigen Königs aus dem Hause Davids verbinden, wie wir sie oben kennengelernt haben. Jes 9,5 erscheint der Davidide als der ›Sohn‹ schlechthin: »Denn uns ist ein Kind geboren, ein Sohn ist uns gegeben ...« Auch in der bereits zitierten Weissagung des Propheten Nathan ist davon die Rede, daß der Nachkomme Davids, der das Königreich Davids erneuern soll, von Gott als ›Sohn‹ angenommen wird: »Ich will sein Vater sein, und er soll mein Sohn sein« (2 Sam 7,14a).

Hellenistische Vorstellungen: Der ›gottgleiche Mensch‹

Die genannten alttestamentlichen Vorstellungen stehen ohne Zweifel im Hintergrund, wenn im Neuen Testament Jesus mit dem Sohnes-Titel ausgezeichnet wird: Wenn er *der Christus*, der *Davidsohn* ist, kommt ihm auch diese Bezeichnung zu. Dennoch ist es erstaunlich, in welcher Breite dies geschieht – über einhundertmal ist im Neuen Testament von Jesus als ›Sohn Gottes‹ oder einfach nur als ›dem Sohn‹ die Rede. Das hat manche Ausleger dazu veranlaßt, die Ursprünge dieses Titels nicht im Alten Testament oder im Judentum, sondern in anderen zeitgenössischen religiösen Vorstellungen zu suchen: Nicht nur die griechisch-römische Mythologie ist voll von Geschichten, die von leiblichen Abkömmlingen der Götter, von Halbgöttern, handeln, die mit übernatürlichen Kräften ausgestattet sind. Zur Zeit des Neuen Testaments und der frühen Kirche, so läßt sich zeigen, wimmelt es in der religiösen Welt geradezu von Gestalten, denen göttliche Kräfte zugeschrieben werden und die deshalb als ›gottgleiche Männer‹ (griechisch *theioi andres*, Einzahl *theios aner*) gelten. Auch in den Mysterienreligionen, die sich damals ausbreiten, kann der Eingeweihte, der ›Myste‹, als ›Gottessohn‹ bezeichnet werden. Hat womöglich, so fragen diese Ausleger, erst die griechisch sprechende Christengemeinde den Gottessohn-Titel auf Jesus übertragen, um damit seine Bedeutung und Sendung mit Mitteln der damaligen religiösen Vorstellungswelt zu verdeutlichen?

Bedeutungen im NT

Genaueres Hinsehen zeigt, daß im Neuen Testament selbst unterschiedliche Bedeutungen und Bedeutungsschichten hinsichtlich des Sohnes-Titels für Jesus begegnen:

Gott als ›Vater‹

(1) Nach allem, was sich erschließen läßt, hat Jesus selbst von Gott in betonter Weise als ›seinem Vater‹ gesprochen. Er hat dabei offenbar mit Vorliebe die aramäische Wortform *abba* gebraucht, die sogar Eingang in den griechischen Text des Neuen Testaments gefunden hat. Wahrscheinlich hat auch in der aramäischen Vorlage des Vaterunsers ursprünglich ein *abba* gestanden (vgl. Lk 11,2). Zunächst war dies wohl ein Wort der Kindersprache. Zur Zeit Jesu wird es als Anrede an den Vater auch von Erwachsenen verwendet. In der Nacht vor seinem Tode, die er im Garten Gethsemane auf dem Ölberg bei Jerusalem betend durchwacht, ruft Jesus:

Abba, mein Vater, alles ist dir möglich,
nimm diesen Kelch von mir;
doch nicht, was ich will, sondern was du willst! (Mk 14,36)

Verhältnis Jesu zum ›Vater‹

Der Satz – hier sicher Gemeindebildung, denn nach dem biblischen Bericht schlafen die Jünger, während Jesus betet – beschreibt prägnant, welche Haltung das Verhältnis Jesu zu ›seinem Vater‹ bestimmt: unbedingtes Vertrauen, aus dem ein gleichsam kindlicher Gehorsam wächst. »Mein Vater« scheint eine feste Bezeichnung für Gott im Munde Jesu gewesen zu sein (vgl. Mt 7,21; 10,32; 15,13; 16,17; 18,10; 25,34 u. ö.). Ihr entspricht die Bezeichnung »euer Vater«, wenn er andere auf ihre Gottesbeziehung anspricht (Mt 5,48; 23,29 u. ö.). Daraus muß man noch nicht ein besonderes Sendungsbewußtsein Jesu ableiten; aber es macht doch wahrscheinlich, daß er im Bewußtsein einer besonderen, innigen Verbindung zu »seinem himmlischen Vater« (Mt 10,32) gelebt und gewirkt hat. Ob Jesus selbst von sich als ›Sohn‹ gesprochen hat (Mt 11,27; Mk 13,32), kann dabei offenbleiben.

Der Gottessohn als Messias

(2) Andere Texte im Neuen Testament, in denen von der ›Gottessohnschaft‹ Jesu die Rede ist, weisen deutlich auf den messianischen Sinn dieser Aussage hin. Das gilt vor allem für den Bericht über die Taufe Jesu durch Johannes:

Taufe Jesu

Und alsbald, als er aus dem Wasser stieg,
sah er, daß sich der Himmel auftat
und der Geist wie eine Taube herabkam auf ihn.
Und da geschah eine Stimme vom Himmel:
Du bist mein lieber Sohn, an dir habe ich Wohlgefallen. (Mk 1,10f).

Einsetzung in das messianische Amt

Man kann das als Geschichte von der Einsetzung Jesu in sein messianisches Amt lesen. Dabei ist der Bezug zum ›Königspsalm‹ 2,7 (»Du bist mein Sohn ...«) wie auch zu dem Akt der Berufung, mit dem die Gottesknecht-Lieder des Deuterojesaja beginnen (»Siehe, das ist mein Knecht ...«, Jes 42,1), unübersehbar. Das Einsetzungs-Motiv kehrt wieder in der Geschichte von der ›Verklärung‹ Jesu. In Gegenwart der drei Jünger, die Jesus am nächsten stehen, läßt sich hier die Gottesstimme erneut vernehmen: »Das ist mein lieber Sohn, den sollt ihr hören« (Mk 9,7).

Der Christus als ›Sohn Gottes‹

Daß für die ersten Christen der Messias-Titel und der Gottessohn-Titel zusammengehören, daß beide womöglich nur als unterschiedliche Bezeichnungen für denselben Sachverhalt verstanden werden, machen das Christus-Bekenntnis des Petrus (nach Mt 16,16), die Frage des Hohenpriesters im Verhör vor dem Hohen Rat (Mk 14,61; Mt 26,63), das Taufbekenntnis des Äthiopiers (Apg 8,37) und andere geprägte Wendungen deutlich, in denen ›Sohn Gottes‹ als ein selbstverständliches Attribut des Christus erscheint.

Heilungswunder

(3) Ob es nach jüdischer Vorstellung zu den »Werken des Messias« (Mt 11,2) gehört, daß er Blinde, Lahme, Aussätzige, Taube heilt, Tote auferweckt und den Armen frohe Botschaft bringt (Mt 11,5), ist unter den Auslegern umstritten. Jedenfalls gehören solche Ereignisse (vgl. Jes 35,5f; 61,1), in denen Gott heilend, befreiend, aufrichtend, lebenschaffend Krankheit und Tod vertreibt, zum festen Inventar zeitgenössischer Endzeitvorstellungen. Deshalb ist es im einzelnen schwer auszumachen, wo die neutestamentlichen Berichte

über die Wundertaten Jesu dieser Überlieferungslinie folgen oder wo sich in ihnen Einflüsse hellenistischer Vorstellungen von den übernatürlichen Fähigkeiten des *theios aner*, des gottgleichen Menschen, geltend machen.

Der ›Sohn‹ als Wundertäter und Herr über die Natur

Daß die Gottessohnschaft Jesu wohl auch in diesem Sinne interpretiert wurde, legt die Geschichte vom ›Seewandel Jesu‹ nahe, wie sie Mt 14,22-33 erzählt wird: Die Jünger – nächtlich in einem Boot unterwegs auf dem See Genezareth – geraten in Seenot. Da kommt Jesus zu ihnen zu Fuß über den See. Petrus will ihm entgegengehen, erschrickt und sinkt. Jesus reicht ihm die Hand, hilft ihm ins Boot. Die Geschichte schließt: »Die aber im Boot waren, fielen vor ihm nieder und sprachen: Du bist wahrhaftig Gottes Sohn!«
Der Gottessohn-Titel spielt auch in den Erzählungen über Dämonenaustreibungen eine Rolle, die – wie wir noch sehen werden – in einer sehr engen Beziehung zur Verkündigung der hereinbrechenden ›Gottesherrschaft‹ und damit zum Zentrum des Wirkens Jesu stehen. Eine dieser Geschichten handelt von der ›Heilung des Geraseners‹: Der ist von einem »unreinen Geist« besessen und haust in Grabhöhlen. Als er Jesus sieht, läuft er ihm entgegen, fällt vor ihm nieder und schreit: »Was willst du von mir, Jesus, du Sohn Gottes, des Allerhöchsten?« (Mk 5,7). An anderer Stelle faßt Markus zusammen: »Und wenn ihn die unreinen Geister sahen, fielen sie vor ihm nieder und schrien: Du bist Gottes Sohn!« (Mk 3,11).

Vom ›Wesen‹ der Gottessohnschaft

(4) Das Bekenntnis zu Jesus als dem ›Sohn Gottes‹ muß innerhalb der Christengemeinde schon früh Überlegungen provoziert haben, wie denn diese ›Sohnschaft‹ zu verstehen sei. Dabei lag es nahe, Aussagen und Geschichten, die – wie zum Beispiel die Überlieferung von der Taufe Jesu – ursprünglich von der Annahme des Sohnes und seiner ›Einsetzung‹ durch den Vater handelten, als solche zu lesen und zu deuten, die Auskunft über das ›Wesen‹ des Gottessohnes gaben: Was verbindet den Sohn mit dem Vater? Was unterscheidet beide? Wie stehen sie zueinander? In welcher Weise hat der Sohn am ›Wesen‹ des Vaters teil? Daß bei solchen Überlegungen zunehmend griechisch-hellenistische Denkweisen und Denkmodelle – seit jeher stark am ›Wesen‹ der Dinge interessiert – wirksam wurden, darf kaum überraschen; war doch schon das griechisch sprechende, hellenistische Judentum von dieser Weise des Denkens beeinflußt.

Die ›Sendung‹ des Sohnes

Bei Paulus finden wir – ebenso wie dann bei Johannes – die Vorstellung von der ›Sendung‹ des Sohnes durch Gott. Dabei wird – ganz deutlich bei Johannes – vorausgesetzt, daß der Sohn bereits vor aller Zeit und Welt bei Gott ist, dort seine Existenz (Theologen sprechen von *Präexistenz*) hat. Um die Menschen zur Gotteskindschaft zurückzuführen, sendet Gott »seinen Sohn in der Gestalt des sündigen Fleisches« (Röm 8,3):

Als aber die Zeit erfüllt war, sandte Gott seinen Sohn,
geboren von einer Frau und unter das Gesetz getan,
damit er die, die unter dem Gesetz waren, erlöste,
damit wir die Kindschaft empfingen. (Gal 4,4f)

Die ›Hingabe‹ des Sohnes

Der Sinn solcher ›Sendung‹ ist die Hingabe des Sohnes – schärfer noch: seine Preisgabe –, die sich in seinem Leiden, seinem Tod am Kreuz vollendet:

Der auch seinen eigenen Sohn nicht verschont hat,
sondern hat ihn für uns alle dahingegeben –
wie sollte er uns mit ihm nicht alles schenken? (Röm 8,32)

Doch der Weg des Sohnes ist damit nicht zuende: Seine Auferstehung bedeutet, daß er »eingesetzt ist als Sohn Gottes in Kraft« (Röm 1,4). Hier ist also der ursprüngliche Gedanke der ›Einsetzung‹ des Sohnes, wenn auch in verwandelter Gestalt, noch gegenwärtig.

Der Gottessohn als präexistenter Logos

Für das Johannesevangelium ist der Sohn mit dem ›Wort‹, dem präexistenten *Logos*, identisch (vgl. Joh 1,14). Er ist von Anfang an bei Gott und hat an dessen Gottheit auf eine Weise teil, daß gesagt werden kann: »... und Gott war das Wort« (Joh 1,1c). »Von oben«, vom Himmel herab, kommt der Sohn in die Welt (Joh 3,31), um denen, die an ihn glauben, das Leben zu bringen (Joh 3,36). Wer den Sohn sieht, sieht den Vater (Joh 12,45; 14,9), so daß Jesus sagen kann: »Ich und der Vater sind eins« (Joh 10,30). Der Weg zum Vater führt nur über ihn (Joh 14,6). Dabei ist wesentlich, daß der Sohn nichts von sich aus tut, sondern in allem nur den Willen des Vaters erfüllt (Joh 5,19). Es ist deutlich, wie ein solches Denken – auch wenn es die einzigartige *Beziehung* zwischen dem Vater und dem Sohn ins Zentrum stellt – doch spätere theologische Auseinandersetzungen um das *Wesen* dieser Beziehung – und damit um die ›Wesensgleichheit‹ bzw. ›Wesensverschiedenheit‹ von Vater und Sohn – vorbereitet.

Der Menschensohn

Vom Sohnes-Titel ist der Titel ›Menschensohn‹ (griechisch *hyios tou anthropou*) zu unterscheiden. Er ist uns bereits im Selbstbekenntnis Jesu vor dem Hohen Rat begegegnet: »... und ihr werdet sehen den Menschensohn sitzen zur Rechten der Kraft und kommen mit den Wolken des Himmels« (Mk 14,61f). Diese eigentümliche Selbstbezeichnung Jesu gibt den Auslegern manche Rätsel auf: Hat der historische Jesus tatsächlich von sich als dem ›Menschensohn‹ gesprochen? Wenn ja – wie hat er das gemeint? Auf welche Überlieferung hat er sich damit bezogen? Hat er mit der Bezeichnung – besonders da, wo er vom *kommenden Menschensohn* redet – womöglich gar nicht sich selbst, sondern einen anderen gemeint?

Menschen-sohn-Titel

Zunächst ist klar: Die griechische Wendung ›Sohn des Menschen‹ ist ein ›Aramaismus‹, wie die Philologen sagen. In ihr schimmert deutlich die aramäische Formulierung *bar nascha* durch, die in der Alltagssprache einfach die Zugehörigkeit zur menschlichen Gattung bezeichnet. Bei der Übersetzung ins Griechische wäre es also angebracht gewesen, die Wendung schlicht mit ›Mensch‹ wiederzugeben. Daß das nicht geschehen ist, zeigt, daß die ersten Christen die Bezeichnung als einen Titel besonderer Art verstehen und gebrauchen. Den Hintergrund für diesen – schon im Judentum bezeugten – Gebrauch bildet eine Stelle im Danielbuch (7,13): Der Prophet sieht in einer Vision vier Tiere aus dem aufgewühlten Meer aufsteigen – einen geflügelten Löwen, einen Bären, einen geflügelten Panther mit vier Köpfen, ein weiteres schreckliches Tier mit eisernen Zähnen und zehn Hörnern. Schließlich erscheint ein Mensch:

›Menschen-sohn‹ bei Daniel

Ich sah in diesem Gesicht in der Nacht,
und siehe, es kam einer mit den Wolken des Himmels
wie eines Menschen Sohn
und gelangte zu dem, der uralt war,
und wurde vor ihn gebracht.
Der gab ihm Macht, Ehre und Reich,
daß ihm alle Völker und Leute
aus so vielen verschiedenen Sprachen dienen sollten.
Seine Macht ist ewig und vergeht nicht,
und sein Reich hat kein Ende. (Dan 7,13f)

›Menschensohn‹ ist hier offenkundig noch nicht Titel, sondern

Der ›Menschensohn‹ als Heilsgestalt der Endzeit

beschreibt die menschliche Gestalt im Gegensatz zu den Tieren, die vier Weltreiche verkörpern. Der ›Menschensohn‹ steht in diesem Zusammenhang für »das Volk der Heiligen des Höchsten« (Dan 7,27), also für das Volk Israel der Endzeit. Es lag jedoch nahe, diese Vorstellung weiterzuentwickeln und im Sinne einer endzeitlichen Heilsgestalt zu individualisieren bzw. zu personifizieren. Das geschieht offenbar in der jüdischen Apokalyptik, wie das sogenannte ›äthiopische Henochbuch‹ – eine später ins Äthiopische übersetzte Schriftensammlung – zeigt: Von Gott vor allen anderen Geschöpfen erschaffen, wird der ›Menschensohn‹ am Ende der Zeiten erscheinen, um die Völker zu richten und über sie zu herrschen. Die Unterschiede zur Vorstellung vom ›Messias‹ aus dem Hause Davids liegen auf der Hand: »Der Menschensohn«, so erklären die Experten, »ist eine präexistente engelgleiche Gestalt mit einer universalen Gerichtsaufgabe am Ende der Geschichte« (Becker 256).

Menschensohn-Worte im Neuen Testament

Die Menschensohn-Worte im Neuen Testament lassen sich in drei bzw. vier Gruppen gliedern: Sie handeln vom kommenden Menschensohn, vom leidenden Menschensohn (und seiner Auferstehung) wie vom gegenwärtig wirkenden Menschensohn. Eine besondere Stellung kommt den Menschensohn-Worten bei Johannes zu.

Vom kommenden ›Menschensohn‹

(1) Dem jüdisch-apokalyptischen Sprachgebrauch stehen jene Worte am nächsten, die vom Kommen des Menschensohnes reden:

Wer sich aber meiner und meiner Worte schämt
unter diesem abtrünnigen und sündigen Geschlecht,
dessen wird sich auch der Menschensohn schämen,
wenn er kommen wird in der Herrlichkeit seines Vaters
mit seinen heiligen Engeln. (Mk 8,38)

Jesus erwartet – so läßt sich das deuten – hier seine eigene Verwandlung in den ›Menschensohn‹. Oder er spricht in der Tat, wie manche Ausleger meinen, von einem anderen, der, von Gott gesandt, das Gericht am Ende der Tage vollziehen wird. Bei diesem Gericht freilich wird die Haltung zu Jesus und zu seinen ›Worten‹ Maßstab des Urteils sein (vgl. auch Lk 17,26-30; Mt 24,37-41).

Vom leidenden ›Menschensohn‹

(2) Eine zweite Gruppe umfaßt Menschensohn-Worte, die vom leidenden Menschensohn (und von seiner Auferstehung) handeln. Sie stehen in einer deutlichen Nähe zu den Aussa-

gen über den leidenden Messias und Gottessohn und schließen sich so an die christliche Interpretation der deuterojesajanischen Lieder vom leidenden Gottesknecht an. Die Bezüge zum Geschick Jesu – bzw. zur Deutung dieses Geschicks durch die frühe Christengemeinde – liegen auf der Hand, so daß man auch hier von einer ›Verchristlichung‹ der jüdischen Menschensohn-Tradition sprechen kann:

Und er fing an, sie zu lehren:
Der Menschensohn muß viel leiden und verworfen werden von den Ältesten und Hohenpriestern und Schriftgelehrten und getötet werden und nach drei Tagen auferstehen. (Mk 8,31)

Vom gekommenen ›Menschensohn‹

(3) Zu einer dritten Gruppe gehören jene Worte, in denen Jesus davon spricht, daß in ihm selbst der Menschensohn bereits gekommen und irdisch am Werke ist. Liest man diese Aussagen im apokalyptisch-jüdischen Vorstellungsrahmen, so setzen sie ebenfalls eine erhebliche Umdeutung von Gestalt und Auftrag des ›Menschensohns‹ voraus:

Die Füchse haben Gruben,
und die Vögel unter dem Himmel haben Nester;
aber der Menschensohn hat nichts,
wo er sein Haupt hinlege. (Mt 8,20)

Vom präexistenten ›Menschensohn‹

(4) Auch bei Johannes begegnet der Titel ›Menschensohn‹ nur in Worten Jesu selbst. Als Anrede an ihn wird er an keiner Stelle gebraucht. In einer gewissen Nähe zu den oben erwähnten jüdisch-apokalyptischen Vorstellungen unterstreicht der Titel hier die himmlische Herkunft Jesu – ganz im Sinne der Vorstellung vom präexistenten ›Logos‹, der von Anfang an bei Gott ist:

Und niemand ist gen Himmel aufgefahren außer dem,
der vom Himmel herabgekommen ist,
nämlich der Menschensohn (Joh 3,13).

Religionsgeschichtliche Parallelen

Um den Sinn des Menschensohn-Titels zu erklären, verweisen manche Ausleger auch auf Parallelen in anderen Religionen: Da gibt es die Vorstellung eines göttlichen ›Urmenschen‹, der sozusagen den Prototyp des Menschen schlechthin vorstellt. Er verkörpert das Idealbild des Menschen, in ihm zeigt sich der Ursprung, aber auch das Ziel der Menschheit. Diese Vorstellung, so sagen sie, habe sich im Judentum mit Spekulationen über *Adam*, den erstgeschaffenen Menschen, und über den apokalyptischen ›Menschensohn‹ verbunden.

Selbstbezeichnung oder Gemeindebildung?

Hat Jesus von sich selber in diesem Sinne als ›Menschensohn‹ gesprochen? Das würde voraussetzen, daß er Verbindung zu Kreisen gehabt hat, in denen solche Vorstellungen gepflegt wurden. Es würde zugleich bedeuten, daß er sich als Verkörperung jenes Himmelswesens verstanden hat, als das der ›Menschensohn‹ in der jüdischen Apokalyptik erscheint. Vieles spricht dafür, daß auch der Menschensohn-Titel – ähnlich wie der Christus-Titel und der Gottessohn-Titel – Jesus von der frühen christlichen Gemeinde beigelegt wurde, um sein Geschick und sein Wirken unter Zuhilfenahme zeitgenössischer Vorstellungen und Bilder zu deuten, wobei es dann auch zu den erwähnten Umdeutungen des ursprünglichen apokalyptischen Begriffs gekommen sein mag. Womöglich konnte die Gemeinde bei der Aufnahme des Menschensohn-Titels auf authentische Jesusworte zurückgreifen, die vom ›kommenden Menschensohn‹ handelten. Der Menschensohn-Titel – und die mit ihm verbundene ›Menschensohn-Christologie‹ – haben ihren Sitz vermutlich in der frühen judenchristlichen, noch aramäisch sprechenden Gemeinde. So ist der Menschensohn-Titel wohl die älteste Bezeichnung für Jesus überhaupt, spielt aber im Unterschied zum Christus- und zum Gottessohn-Titel in der späteren christlichen Lehrbildung keine Rolle mehr.

Der Herr

Maranata

Zu den wenigen aramäischen Worten, die Eingang in das griechische Neue Testament gefunden haben, gehört der Gebets- und Bekenntnisruf *maranata* (1 Kor 16,22; vgl. auch Offb 22,20). Er hatte vermutlich in der Liturgie der frühchristlichen Herrenmahlsfeier seinen festen Platz (vgl. die *Didache*, eine frühe christliche Kirchenordnung, Kap. 10,6). Der Ruf läßt sich unterschiedlich übersetzen – einmal als Aufforderung: »Unser Herr, komm!«; zum andern als Bekenntnis zur Gegenwart Jesu beim Herrenmahl: »Unser Herr ist gekommen!« Beidemale wird Jesus als *Herr* angerufen und ausgerufen. Kein Zweifel, daß dieser Ruf ebenfalls – wie vermutlich der Menschensohn-Titel – auf die ersten, aramäisch sprechenden Christen Palästinas zurückgeht, die sich hier zu Jesus als dem *Herrn* bekennen.

»Herr ist Jesus« (griechisch: *kyrios Iesous*): Das ist offenbar eine sehr alte, ursprüngliche Bekenntnisformel, die womöglich auch als Taufbekenntnis diente. Paulus jedenfalls scheint an die Taufe zu denken, wenn er die Formel zitiert:

»Herr ist Jesus«

Denn wenn du mit deinem Munde bekennst, daß Jesus der Herr ist, und in deinem Herzen glaubst, daß ihn Gott von den Toten auferweckt hat, so wirst du gerettet. (Röm 10,9)

An anderer Stelle läßt er durchblicken, daß das Bekenntnis zu Jesus als dem *Herrn* auch in seinen Auseinandersetzungen mit den Irrlehrern in Korinth eine Rolle gespielt hat. Es sieht so aus, daß die Paulus-Gegner dort dem irdischen Jesus diesen Titel bestreiten, ja, ihn geradezu »verfluchen«:

Darum tue ich euch kund, daß niemand Jesus verflucht, der durch den Geist Gottes redet; und niemand kann Jesus den Herrn nennen außer durch den heiligen Geist. (1 Kor 12,3)

›Kyrios‹ als Gottesname

Wieder kann uns ein Blick in die Geschichte des Begriffs helfen, den Sinn dieser Bekenntnisformel zu verstehen: Der Name, mit dem sich Gott dem Mose offenbart hat – so haben wir bereits bei unserer Beschäftigung mit dem Alten Testament erfahren –, wird später aus frommer Scheu nicht mehr ausgesprochen. Die Buchstabengruppe *jhwh*, die für ihn steht (das Hebräische kennt keine Vokalzeichen in unserem Sinne), wird als *adonaj* gelesen (wörtlich »mein Herr«, von hebräisch *adon* = Herr). Die Septuaginta, die griechische Bibel, übernimmt diesen Sprachgebrauch. Sie übersetzt den Gottesnamen durchgängig mit *kyrios*, Herr. Das bedeutet nicht, daß es nicht auch einen profanen Gebrauch von *adon* und *kyrios* gegeben hätte; beide Begriffe finden auch Verwendung, um irdische Herren und Gebieter zu bezeichnen. In der griechischsprechenden Welt kann die Anrede *kyrie* durchaus als Höflichkeitsformel gebraucht werden, unserer gepflegten Anrede ›mein Herr‹ vergleichbar.

Religionsgeschichtliche Parallelen

Freilich ist der religiöse Gebrauch der Kyrios-Anrede keineswegs auf das Judentum beschränkt. In den Religionen, die zur Zeit Jesu das Feld beherrschen, ist *kyrios* feststehender Titel und selbstverständlich gebrauchte Anrede von Gottheiten und gottgleichen Herrschergestalten. Darauf nimmt Paulus Bezug, wenn er den vielen Göttern und Herren (*kyrioi*) den einen Gott und den einen ›Kyrios‹ Jesus Christus gegenüberstellt:

Und obwohl es solche gibt, die Götter genannt werden, es sei im Himmel oder auf Erden, wie es ja viele Götter und viele Herren gibt, so haben wir doch nur *einen* Gott, den Vater, von dem alle Dinge sind und wir zu ihm; und *einen* Herrn, Jesus Christus, durch den alle Dinge sind und wir durch ihn. (1 Kor 8,5f)

Der Kaiser als ›Kyrios‹

Auch der römische Kaiser trägt den Titel ›Kyrios‹; und wenn dies zunächst auch einen primär politischen Sinn hat, ist es doch nicht verwunderlich, wenn es unter dem Einfluß der orientalisch-hellenistischen Religionen, wie sie damals im römischen Reich sich ausbreiten, zu einer religiösen Aufladung dieses Titels und seines Trägers kommt. Werden zunächst nur die verstorbenen Kaiser als Gottheiten verehrt, in denen das Göttliche sich sichtbar zeigt, so wird bald schon solch kultische Verehrung auch den lebenden Herrschern zuteil. Die Huldigungsformel *kyrios kaisar*, die dabei gebraucht wird, mußte auf die Dauer notwendig mit dem christlichen Bekenntnis zum *kyrios Iesous* in Konflikt geraten. In welchem Sinne ist nun im Neuen Testament von Jesus als ›Herr‹, als ›Kyrios‹, die Rede?

Jesus als ›Herr‹ in den Evangelien

(1) Jesus von Nazareth wird in den Evangelien häufig als ›Herr‹ (*kyrie*) angeredet. Handelt es sich dabei einfach um die respektvolle Anrede, die dem Lehrer (Mk 4,38; 12,19), dem *Rabbi* (Mk 10,51; 11,21) gebührt? Oder schwingt in dieser Anrede bereits die Bedeutung mit, die der Titel ›Kyrios‹ dann später in der christlichen Bekenntnistradition besitzt und die sich zum Beispiel in der Rede des Engels an die Hirten auf dem nächtlichen Feld bei Bethlehem ausdrückt:

... euch ist heute der Heiland geboren, welcher ist Christus, der Herr, in der Stadt Davids (Lk 2,21)?

›Kyrios‹ als Messias-Anrede

Vermutlich muß man in den Evangelien selbst mehrere Überlieferungsstufen annehmen. Auf einer ersten Stufe mag *kyrie* tatsächlich die Bedeutung einer ehrerbietigen Anrede an den Lehrer (griechisch *didaskalos*; Luther übersetzt ›Meister‹) und an den *Rabbi*, den jüdischen Schriftgelehrten, gehabt haben. Doch solch ›profaner‹ Gebrauch läßt sich in den Evangelien kaum mehr eindeutig nachweisen. Selbst da, wo die Anrede von Nichtjuden oder von Menschen gebraucht wird, die nicht zum engeren Umkreis Jesu gehören, schwingt doch die religiöse, hoheitliche Bedeutung mit.

Das gilt besonders für die Geschichten, in denen sich Menschen in Not an Jesus mit der Bitte um Hilfe wenden. »Ach Herr, du Sohn Davids, erbarme dich meiner!« ruft die kanaanäische Frau, deren Tochter von einem bösen Geist geplagt wird (Mt 15,22): Die Anrede ›Herr‹ richtet sich hier an den Messias aus dem fremden Volk, von dem sie sich Hilfe erhofft. »Ach Herr«, sagt der römische Hauptmann, »... sprich ein Wort, so wird mein Knecht gesund« (Lk 7,6f): Auch hier übersteigt die Anrede das Maß der Höflichkeit. ›Herr‹ nennt der Hauptmann den jüdischen Wanderprediger, weil er ihm die Macht zutraut, wirksam zu helfen.

Man muß davon ausgehen, daß die Evangelisten, die uns all diese Geschichten überliefern, die Anrede bereits durchgängig als Hoheitstitel des ›Gesalbten Gottes‹, des Messias, verstehen. Selbstverständlich ist ihnen auch der Sprachgebrauch der Septuaginta gegenwärtig, und mit der griechischen Bibel sagen sie ›der Herr‹, wenn sie Gott meinen; an manchen Stellen läßt es sich kaum ausmachen, ob der Titel sich auf Jesus oder auf Gott bezieht (vgl. Mt 24,42; Mk 5,19). So gilt: Der Titel ›Kyrios‹ weist Jesus von Nazareth als den von Gott gesandten, von Gott bevollmächtigten Messias aus, dem er an seiner Würde und Macht teilgibt. Wenn Jesus in den Evangelien als *kyrie* angerufen wird, wird er damit auf die ihm verliehene Macht, zu heilen und zu helfen, angesprochen.

Der auferstandene Herr

(2) Dies ist noch deutlicher, wo die Anrede ›Herr‹ dem auferstandenen Jesus gilt. »Der Herr ist wahrhaftig auferstanden« (Lk 24,34): Das ist die Botschaft, die die beiden Jünger, denen Jesus auf dem Weg nach Emmaus begegnet ist, aus dem Munde ihrer in Jerusalem zurückgebliebenen Freunde zu hören bekommen. »Herr, wirst du in dieser Zeit wieder aufrichten das Reich für Israel?« (Apg 1,6), so fragen die Jünger den Auferstandenen, bevor er vor ihren Augen von einer Wolke weggenommen wird (Apg 1,9). »Herr Jesus, nimm meinen Geist auf!« ruft Stephanus, als sie ihn steinigen (Apg 7,59). »Herr, wer bist du?« fragt Paulus, als ihm der Auferstandene auf dem Weg nach Damaskus erscheint (Apg 9,5).

Der gegenwärtige Herr

Wie die frühe christliche Gemeinde den Kyrios-Titel für Jesus verstanden und gefüllt hat, zeigt ein Hymnus, den Paulus in seinem Brief an die Philipper zitiert. Jesus – »in göttlicher Gestalt«, »Gott gleich« (Phil 2,6) – erniedrigt sich selbst bis zum Tod am Kreuz. Von Gott erhöht, erhält er »den Namen, der über alle Namen ist«:

... daß in dem Namen Jesu sich beugen sollen aller derer Knie,
die im Himmel und auf Erden und unter der Erde sind,
und alle Zungen bekennen sollen,
daß Jesus Christus der Herr ist,
zur Ehre Gottes des Vaters. (Phil 2,10f)

Teilhabe an der Herrschaft Gottes

Herr, kyrios, erscheint hier als »Name über allen Namen«, als der hoheitliche Titel, der alle anderen zusammenfaßt und übersteigt. In ihm kommt – mehr noch als im Messias- und im Gottessohn-Titel – die göttliche Würde Jesu zum Ausdruck. *Kyrios Iesous*, Jesus ist der Herr: Dieses frühchristliche Bekenntnis spricht nicht von Ereignissen der Vergangenheit. Es meint die Gegenwart, die im Zeichen der Herrschaft Jesu steht. Gott hat, so wollen die ersten Christen damit ausdrükken, den gekreuzigten Jesus vom Tode erweckt, ihn zu sich erhöht, ihm seine Macht übertragen. Als *kyrios* hat er teil am Namen Gottes – wir denken an den Sprachgebrauch der Septuaginta! – und damit auch an seiner Herrschaft. Als *kyrios* steht er auch über all den anderen ›Herren‹, die in der damaligen Welt göttliche Verehrung genießen. Vielleicht ist das der Grund, warum der Kyrios-Titel von der frühchristlichen Gemeinde so umfassend und selbstverständlich auf Jesus übertragen wurde: Mehr noch als durch den Christus- und den Gottessohn-Titel ließ sich dadurch das christliche Bekenntnis auch der nichtjüdischen, hellenistischen Umwelt verdeutlichen und vermitteln.

Geboren von der Jungfrau

Stammbaum Jesu

Berichte über die Geburt Jesu, seine Eltern und seine Kindheit finden sich nur in den Evangelien des Lukas und des Matthäus. Beide bieten auch einen Stammbaum Jesu. Folgt man ihnen, so ist Josef, der Vater Jesu, ein später Nachfahre von König David. Das paßt natürlich in die Vorstellung, daß der Messias aus dem Hause Davids kommen wird. Es wird freilich dadurch in merkwürdiger Weise entwertet, daß Matthäus gleich darauf klarstellt, daß Josef gar nicht der leibliche Vater Jesu ist.
Als Josef nämlich seine Verlobte Maria zu sich holen will,

stellt sich heraus, daß sie bereits schwanger ist – »von dem heiligen Geist«, wie Matthäus zugleich erklärend hinzufügt. Josef, durch und durch anständig, will sie nicht in Schande bringen, plant aber dennoch, sie heimlich zu verlassen. Da erscheint ihm ein Engel im Traum und teilt ihm mit, daß Maria ihr Kind »von dem heiligen Geist« empfangen habe. Er erklärt auch gleich, warum das so sein muß:

Vorgeschichte der Geburt bei Matthäus

Das ist aber alles geschehen, damit erfüllt würde,
was der Herr durch den Propheten gesagt hat, der da spricht:
»Siehe, eine Jungfrau wird schwanger sein
und einen Sohn gebären,
und sie werden ihm den Namen Immanuel geben«,
das heißt übersetzt: Gott mit uns. (Mt 1,22f)

Josef folgt der Weisung des Engels, nimmt Maria als seine Frau zu sich, berührt sie aber nicht, bevor sie ihren Sohn geboren hat. Den nennt er – ebenfalls den Worten des Engels folgend – Jesus: »denn er wird sein Volk retten von ihren Sünden« (Mt 1,21).

Zitat aus Jesaja

Welchen Sinn die Geschichte hat, ist deutlich: Sie will zeigen, daß sich in Jesus die Hoffnungen auf den Messias aus dem Hause Davids erfüllen. Deshalb wird ja auch die Stelle aus dem Propheten Jesaja ausdrücklich zitiert (Jes 7,14). Im griechischen Text – schon in der Septuaginta – steht hier *parthenos*, was in der Tat mit ›Jungfrau‹ – im heute gebräuchlichen Sinn – übersetzt werden kann. Im hebräischen Text des Alten Testaments steht hier *almah*, was einfach eine ›junge Frau‹ bedeutet und keinesfalls die ›Jungfräulichkeit‹ mit einschließt. Die Ausleger sind sich weithin einig darin, daß der Prophet Jesaja an der genannten Stelle weder von einer jungfräulichen Geburt noch überhaupt von einem späteren Nachfahren Davids redet; er hat durchaus aktuelle Ereignisse – im Zusammenhang mit der Bedrohung des Landes durch die Assyrer – im Auge.

Einsetzung als Gottessohn ›nach dem Geist‹

Welches Interesse aber verfolgt Matthäus noch, wenn er auf solche Weise deutlich macht, daß Jesus ohne Zutun eines Mannes von einer ›Jungfrau‹ geboren wurde? Es ist wenig wahrscheinlich, daß er dies erfindet; er hat es als Gemeindetradition vermutlich bereits vorgefunden. Wichtig ist die zweimalige Erwähnung des Geistes – der, das muß man wissen, im Hebräischen weiblichen und im Griechischen sächlichen Geschlechts ist. Das deutet darauf hin, daß es in der frühen Christengemeinde eine Vorstellung gab, die Herkunft, Auftrag und Vollmacht Jesu mit dem Wirken des Gottesgeistes in Verbindung brachte. Vielleicht steht diese Vorstellung auch bei Paulus im Hintergrund, wenn er der Geburt »nach dem Fleisch« die Einsetzung als Gottessohn »nach dem Geist« gegenüberstellt:

... von seinem Sohn Jesus Christus, unserm Herrn,
der geboren ist aus dem Geschlecht Davids nach dem Fleisch,
und nach dem Geist, der heiligt, eingesetzt ist als Sohn Gottes
in Kraft durch die Auferstehung der Toten. (Röm 1,3f)

Von einer ›Jungfrauengeburt‹ ist hier freilich noch nicht die Rede. Daß Jesus »nach dem Fleisch« von David abstammt, ist wohl durchaus realistisch gemeint. Es schließt seine Einsetzung »nach dem Geist« keineswegs aus.

Religionsgeschichtliche Parallelen

Womöglich – die Ausleger sind hier auf Vermutungen angewiesen – haben griechisch sprechende Judenchristen hier auf Vorstellungen zurückgegriffen, die in ihrem religiösen Umfeld in Umlauf waren, um die Herkunft Jesu »nach dem Geist« zu erklären. Man kann dabei an die zahlreichen Geschichten denken, die von der göttlichen Zeugung bedeutender Heroen, Herrschergestalten, Philosophen und Gottesmänner berichten. Auch die Vorstellung einer Jungfrauengeburt, einer *Parthenogenese*, ist dieser Umwelt nicht fremd.

Schöpferkraft des Geistes

Andererseits ist der Gedanke, daß Gottes Geist Leben schafft, fest in der alttestamentlich-jüdischen Tradition verankert. Seinem Geist (hebräisch *ruach*) – vorgestellt als Windhauch, als Odem – eignet schöpferische Kraft: »Du sendest aus deinen Odem, so werden sie geschaffen, und du machst neu die Gestalt der Erde« (Ps 104,30).

Vorgeschichte bei Lukas

Auch der Evangelist Lukas kennt die Vorstellung von der jungfräulichen Geburt Jesu. Er holt weit aus, um dieses Ereignis zu beschreiben: Zur Zeit, als Herodes König in Judäa ist, wird dem betagten Priester Zacharias die Geburt eines Sohnes angekündigt, der – nach der Weisung des Engels – den Namen Johannes erhalten soll. Seine ebenfalls hochbetagte Frau Elisabeth wird schwanger. Sie hat eine Verwandte, Maria, die in Nazareth in Galiläa wohnt, und mit Josef verlobt ist, einem Mann aus dem Hause Davids. Elisabeth ist im sechsten Monat, da erscheint der jungfräulichen Maria der Engel Gabriel und kündet ihr ebenfalls die Geburt eines Sohnes an:

Fürchte dich nicht, Maria, du hast Gnade bei Gott gefunden.

Siehe, du wirst schwanger werden und einen Sohn gebären,
und du sollst ihm den Namen Jesus geben.
Der wird groß sein und Sohn des Höchsten genannt werden;
und Gott der Herr wird ihm den Thron seines Vaters David geben,
und er wird König sein über das Haus Jakob in Ewigkeit,
und sein Reich wird kein Ende haben. (Lk 1,30-33)

Empfangen durch den Geist

Maria, die noch nie mit einem Mann zusammen war, fragt: »Wie soll das zugehen?« Der Engel antwortet:
Der heilige Geist wird über dich kommen,
und die Kraft des Höchsten wird dich überschatten;
darum wird auch das Heilige, das geboren wird,
Gottes Sohn genannt werden. (Lk 1,35)

Die Geschichte geht weiter: Maria macht sich auf, geht über das Gebirge nach Judäa, besucht Elisabeth. Als diese den Gruß Marias hört, »hüpfte das Kind in ihrem Leibe«; das heißt, auch der ungeborene Johannes erkennt schon den künftigen Herrn. Maria stimmt dann berühmten Lobgesang an, der ihren Namen trägt und mit den Worten beginnt:
Meine Seele erhebt den Herrn, und mein Geist freut sich Gottes, meines Heilandes. (Lk 1,46-55)

Johannes wird geboren, wächst heran und wird »stark im Geist«. Der Erzähler bereitet den Leser auf die kommenden Ereignisse vor: »Und er war in der Wüste bis zu dem Tag, an dem er vor das Volk Israel treten sollte« (Lk 1,80). Dann folgt die Geburtsgeschichte Jesu: »Es begab sich aber zu der Zeit, daß ein Gebot von dem Kaiser Augustus ausging, daß alle Welt geschätzt würde ...« (Lk 2,1).

Maria im Mittelpunkt

Die Übereinstimmungen mit Matthäus sind deutlich. Beide Evangelisten greifen offenbar auf ähnliche Überlieferungen zurück. Um so bedeutsamer sind die Unterschiede: Bei Lukas steht – ganz anders als bei Matthäus – Maria im Mittelpunkt des Geschehens. *Ihr*, nicht dem Josef, erscheint der Engel, um die Geburt anzukündigen und den gottgewollten Namen des Kindes mitzuteilen. *Sie* erfährt, daß ihr Sohn zum Retter Israels, zum endzeitlichen König aus dem Hause Davids, bestimmt ist. Der Vorgang der Erschaffung des Kindes durch den Geist Gottes wird sehr viel ausführlicher umschrieben: ›Heiliger Geist‹ – im griechischen Text artikellos – wird über sie kommen, Kraft des Höchsten wird sie überschatten.

Mythologische Vorstellungen? Das erinnert an die Geschichten von der Wolke, in denen Gott seine Gegenwart verhüllt (Ex 40,34f; Lk 9,34; Mk 9,7; Mt 17,5). Aber es läßt auch an eine von Gott losgelöste, gleichsam eigenständige ›Kraft‹ denken, durch die Gott hier wirkt. Deutlich wird zudem ein Zusammenhang zwischen dieser Art der Erzeugung des Kindes und seiner Gottessohnschaft hergestellt (Lk 1,35). Es scheint, daß die Schilderung des Lukas stärker als die des Matthäus sich an mythologischen Vorstellungen orientiert, wie sie auch in der damaligen religiösen Umwelt eine Rolle spielten.

Einmaligkeit Jesu Geboren von der Jungfrau Maria: Der Satz hat Aufnahme in das christliche Glaubensbekenntnis gefunden. Bis heute wird er von den Christen aller großen Konfessionen bekannt. Theologen sehen in ihm den Versuch, die Einmaligkeit Jesu, seine Herkunft aus der Welt Gottes, auf eine bildlich-faßbare Weise auszudrücken: Jesus tritt nicht wie andere Menschen in das Leben ein. An seiner Menschwerdung ist der Schöpfergeist Gottes in unmittelbarer Weise beteiligt. Jesus wird dadurch zum Gegenbild Adams, des erstgeschaffenen Menschen, den Gott dadurch ins Leben ruft, daß er ihm seinen ›Odem‹ – seinen Geist – ›einbläst‹ (Gen 2,7).

Von Gott geboren: Gotteskindschaft bei Johannes Im Grunde will die Geschichte von der Geburt aus der Jungfrau veranschaulichen, was die Vorstellung von der ›Fleischwerdung‹ des präexistenten Gottessohnes (›Inkarnation‹ von lateinisch *caro*, Genitiv *carnis* = Fleisch) auf lehrhaft-abstrakte Weise bezeugt: Jesus ist kein Übermensch, der aus eigener Kraft göttliche Fähigkeiten entwickelt und durchsetzt. Sein Wesen und Wirken ist ganz und gar ›von oben‹, von Gott her bestimmt. Er ist »von Gott geboren«. Daß damit nicht unbedingt die Vorstellung von der jungfräulichen Geburt verbunden sein muß, zeigt Johannes, wenn er solche Gotteskindschaft auch denen zuspricht, die den Gottessohn im Glauben aufnehmen:

Wie viele ihn aber aufnahmen, denen gab er Macht,
Gottes Kinder zu werden, denen, die an seinen Namen glauben,
die nicht aus dem Blut noch aus dem Willen des Fleisches noch aus dem Willen eines Mannes, sondern von Gott geboren sind. (Joh 1,12f)

Hier wird auch von den Christen gesagt, sie seien als Kinder Gottes nicht »aus dem Willen eines Mannes« geboren. Das macht deutlich, was die Überlieferung von der jungfräulichen Geburt Jesu im Kern besagen will: Als Gottessohn hat Jesus seinen Ursprung in Gott.

Von Erbsünde frei

Erst spätere Theologen haben hier den Gedanken eingetragen, Jesus sei durch die besonderen Umstände seiner Geburt von der ›Erbsünde‹ befreit geblieben. Dahinter steht die Vorstellung, die Schuld, die die erstgeschaffenen Menschen in die Welt gebracht hätten, werde durch den biologischen Zeugungsvorgang von Generation zu Generation übertragen.

Mensch geworden

Biographie Jesu

Daß der Sohn Gottes in der historischen Gestalt des Jesus von Nazareth ›Mensch geworden‹ ist, bleibt ein zentraler Bekenntnissatz des christlichen Glaubens. Er erlaubt nicht nur, sondern nötigt geradezu, die Frage nach der Lebensgeschichte Jesu zu stellen: Menschsein wird konkret erst in einem Lebenslauf, einer Biographie.

Eigenart der Quellen

Dazu gehören als Eckdaten Angaben über Zeit und Ort von Geburt und Tod, über die familiäre und soziale Herkunft, über den Bildungs- und Berufsweg und andere, die Biographie bestimmende Einflüsse und Ereignisse. Läßt sich aufgrund der uns überlieferten Texte, insbesondere der vier neutestamentlichen Evangelien, der Lebenslauf Jesu in seinen Grundzügen rekonstruieren? Schwierigkeiten bereitet da, wie leicht zu sehen ist, insbesondere die literarische Eigenart und Intention dieser Quellen: Als ›Evangelien‹ sind sie nicht an den biographischen Fakten als solchen, sondern an deren Heilsbedeutung interessiert. Sie sind nicht historischer Bericht, sondern ergehen als Verkündigung, als Predigt, die zum Glauben an Jesus als den Christus rufen will. Ihr Bild von Jesus und seinem irdischen Wirken ist durch die Erfahrung seiner Auferstehung – also schon durch eine Deutung seines Lebens und Sterbens – bestimmt. Noch mehr: Von dieser Erfahrung her, so scheint es, werden einzelne Jesus-Erzählungen wie auch der Aufriß seines Lebens und Wirkens überhaupt erst entworfen und gestaltet.
Hinzu kommt, daß die uns schriftlich vorliegenden Quellen Niederschlag einer älteren, nichtliterarischen Überlieferung

sind: Jesus selber betätigte sich nicht schriftstellerisch, und keiner seiner Jünger führte so etwas wie ein ›Reisetagebuch‹ oder fertigte ›Redenachschriften‹ an. Was wir von den Worten und vom Wirken Jesu wissen, wurde zunächst in Gestalt mündlicher Rede geformt und überliefert.

Kultureller Kontext

All dies ist im damaligen kulturellen Kontext keineswegs einmalig: Die biographische Anteilnahme an der ›Entwicklung‹ einer Persönlichkeit, wie sie heutzutage selbstverständlich ist, ist der Antike im großen und ganzen fremd. Nicht nur für Jesus, auch für andere historisch bedeutsame Persönlichkeiten gilt: Von Interesse ist »die öffentliche Rolle und das nach außen gerichtete Wirken einer Person« (Becker 22). Biographische Einzelheiten werden in der Regel nur dort vermerkt, wo sie in in einer Beziehung zu dieser öffentlichen Rolle stehen.

Christliche Zeitrechnung

Wann wurde Jesus geboren? Die Frage scheint überflüssig, geht man von der im christlichen Kulturkreis üblichen Zeitrechnung aus. In ihr markiert die Geburt Jesu ja die ›Zeitenwende‹, mit der die Zählung der Jahre überhaupt erst einsetzt. Doch das Problem ist komplizierter, als es auf den ersten Blick scheint: Die christliche Zeitrechnung wurde erst im 6. Jahrhundert nach Christus von dem Mönch Dionysius Exiguus entwickelt. Ihm diente die römische Zeitrechnung, die die Jahre seit der Gründung Roms zählt, als Bezugsrahmen. Die Geburt Jesu errechnete er für das Jahr 754 der Geschichte Roms, das seitdem als Jahr 1 der christlichen Zeitrechnung gilt. Die Möglichkeit, daß er sich bei seinen Berechnungen geirrt hat, ist natürlich nicht auszuschließen.

Geburtsdatum Jesu

In den Evangelien gibt es eine Reihe von Angaben, die Schlüsse auf das Datum der Geburt Jesu zulassen. Dabei stehen alle Angaben, die sich in den sogenannten ›Kindheitsgeschichten‹ bei Matthäus und Lukas finden, unter dem Vorbehalt, daß es sich hierbei um relativ späte Traditionsstücke handelt, die zudem – wie wir gesehen haben – ganz bestimmten theologischen Konzepten folgen. Sie können also nur sehr bedingt herangezogen werden. Mehr Gewicht kommt jenen Angaben zu, die sich außerhalb dieser Überlieferungszusammenhänge in den Evangelien, aber auch in der Apostelgeschichte und bei Paulus entdecken lassen.

Unter Kaiser Augustus

(1) »Es begab sich aber zu der Zeit, daß ein Gebot von dem Kaiser Augustus ausging«: Nach Lk 2,1 wird Jesus während

der Regierungszeit des römischen Kaisers Augustus geboren. Es handelt sich dabei um Octavian, einen Großneffen Caesars, der von 63 vor Christus bis 14 nach Christus lebte und im Jahre 27 vor Christus vom Senat den Ehrennamen ›Augustus‹, ›Erhabener‹, verliehen bekam. Von einer ›Steuererhebung‹, die freilich nicht dem ganzen Weltkreis, sondern nur der Provinz Judäa galt, berichtet der jüdische Schriftsteller Josephus. Er datiert sie auf das Jahr 6 nach Christus und erwähnt in diesem Zusammenhang auch Quirinius als Statthalter Syriens (vgl. Lk 2,2).

König Herodes

(2) »Als Jesus geboren war in Bethlehem in Judäa zur Zeit des Königs Herodes« (Mt 2,1): Die Angabe des Matthäus, Jesus sei zur Regierungszeit des Herodes geboren, wird Lk 1,5 bestätigt. Es handelt sich um Herodes den Großen, der um 73 vor Christus geboren wurde und von 37 bis 4 vor Christus in der staatsrechtlichen Stellung eines mit Rom ›verbündeten Königs‹ über fast ganz Palästina regierte.

Steuererhebung unter Quirinius

Schwierig ist es, die Angaben über die Geburt Jesu zu Lebzeiten des Herodes mit denen über die Steuererhebung in Einklang zu bringen. Die Namen der römischen Statthalter in Syrien von 9 bis 4 vor Christus sind bekannt; unter ihnen findet sich kein Quirinius. Vermutungen, Josephus habe sich bei seinen Angaben zur Steuererhebung geirrt, die Erhebung habe unter einem anderen Statthalter zu anderer Zeit stattgefunden, bzw. sie sei von Quirinius noch vor 9 vor Christus durchgeführt worden, stehen allesamt auf schwachen Füßen.

Der Stern der Weisen

(3) »Wir haben seinen Stern gesehen im Morgenland« (Mt 2,2.9): Vielfach wird auch diese Notiz bemüht, um das Geburtsdatum Jesu zu bestimmen. Matthäus berichtet von Weisen (»Magiern«), die aus dem Osten nach Jerusalem aufbrechen, um nach dem »neugeborenen König der Juden« zu suchen. Sie lassen sich dabei von einem »Stern« – einem Kometen? einer Supernova? einer astrologisch bedeutsamen Sternenkonstellation? – leiten. Kometenerscheinungen sind für die Jahre 12/11 vor Christus (der Halleysche Komet!) und 5/4 vor Christus bezeugt. Für 7/6 vor Christus läßt sich eine auffällige Jupiter-Saturn-Konstellation nachweisen: Jupiter galt, so wird gesagt, als ›Königsstern‹, und Saturn bei manchen als ›Stern der Juden‹.

(4) Nach Mt 2,16 läßt Herodes in Bethlehem alle Kinder töten, »die zweijährig und darunter waren, nach der Zeit, die

Kindermord in Bethlehem

er von den Weisen genau erkundet hatte«. Danach müßte Jesus spätestens im Jahre 6 vor Christus – zwei Jahre vor dem Tod des Herodes – das Licht der Welt erblickt haben. Da alle Angaben, die sich auf Herodes beziehen, jedoch in einem legendarischen Zusammenhang stehen, sind sie mit Vorsicht zu genießen. Eindeutige Aussagen zum Geburtsjahr Jesu, so müssen wir folgern, lassen sich nicht treffen.

Geburtsort Jesu

Wo wurde Jesus geboren? Die Frage scheint zunächst ebenso überflüssig wie die Frage nach dem Datum der Geburt: Matthäus wie Lukas bezeugen einhellig die Geburt Jesu in Bethlehem (Mt 2,1.5f.8.16; Lk 2,4.15), einer Stadt neun Kilometer südlich von Jerusalem, in der einst die Familie Davids ihren Sitz hatte (1 Sam 16,18; 20,6; 2 Sam 2,32). Doch steht der gesamte übrige Sprachgebrauch des Neuen Testaments dagegen, der Nazareth, eine Stadt in Galiläa, im Norden Palästinas, als Ort der Herkunft Jesu – als seine »Vaterstadt« (Mk 6,1) – voraussetzt.

Geburt Jesu nach Lukas

Auch Lukas läßt Maria und Josef in Nazareth wohnen (Lk 1,26f; 2,4.39). Die Steuererhebung nötigt sie, nach Bethlehem zu ziehen. Es ist wohl daran gedacht, daß sich Josef als Nachkomme Davids dort registrieren lassen mußte; freilich ist eine solche Form der Registrierung – nicht am Wohnort, sondern am Stammsitz der Familie – aus der sonstigen römischen Verwaltungspraxis nicht bekannt. Vierzig Tage nach der Geburt Jesu gehen die Eltern mit dem Kind nach Jerusalem, um dort im Tempel die vorgeschriebenen Opfer darzubringen. Danach kehren sie in ihre Heimatstadt Nazareth zurück.

Geburt Jesu nach Matthäus

Bei Matthäus werden Empfängnis und Geburt Jesu zunächst nicht lokalisiert. Erst die Notiz Mt 2,1 erwähnt Bethlehem als Ort der Geburt. Es folgt die Geschichte von den »Magiern« – von einer Dreizahl ist nicht die Rede, und von Königen schon gar nicht: Geleitet vom »Stern«, kommen sie aus dem Osten (griechisch *anatole* = Aufgang, Aufgehen) nach Jerusalem. Ihre Frage nach dem »neugeborenen König« beunruhigt den regierenden Monarchen. Von Herodes dazu veranlaßt, finden die jüdischen Schriftgelehrten aufgrund einer Angabe beim Propheten Micha (5,1) Bethlehem als Geburtsort des Kronprätendenten heraus. Die Weisen gehen dorthin, finden das Kind, beten es an und bringen ihm Gold, Weihrauch und Myrrhe (ähnlich dem Weihrauch ein aus dem

Harz eines in Südarabien heimischen Balsamstrauches gewonnenes Produkt) dar. Einer Traumweisung folgend, kehren sie nicht wieder nach Jerusalem zurück, sondern nehmen einen anderen Weg in ihre Heimat. Ebenfalls aufgrund einer Traumerscheinung fliehen Maria und Josef mit dem Kind nach Ägypten, um der Verfolgung durch Herodes zu entgehen. Nach dem Tod des Herodes kehren sie zurück, nehmen aber – wiederum aufgrund einer Traumweisung – ihren Wohnsitz nicht in Judäa, wo jetzt der Sohn des Herodes, Archelaus, regiert, sondern in Nazareth in Galiläa.

Geboren und aufgewachsen in Nazareth

Die Ausleger des Neuen Testaments sind sich weitgehend einig über den legendarischen Charakter der bei Matthäus und Lukas überlieferten Geburts- und Kindheitserzählungen. Daß Jesus in Nazareth nicht nur Kindheit und Jugend verbrachte, sondern dort auch geboren wurde, scheint ihnen aufgrund der ansonsten in den Evangelien dominierenden Nazareth-Tradition (Mk 1,9; 6,1ff; Joh 1,45f; vgl. auch Mk 1,24; 10,47; Lk 18,37; Joh 18,5; Apg 2,22; 3,6; 10,38) sehr wahrscheinlich. Die Bethlehem-Überlieferung, so meinen sie, verdankt sich dem Bestreben, Jesus als den Messias aus dem Hause Davids zu erweisen. Sie ist demnach eine Aussage des Glaubens, nicht des exakten historischen Wissens. Daß sich Josefs Familie tatsächlich von David herleitete, halten einige Ausleger dennoch für möglich (vgl. Röm 1,3). Eine hervorgehobene soziale bzw. religiöse Stellung mußte damit freilich nicht verbunden sein.

Zwölfjähriger Jesus im Tempel

Kindheit und Jugend Jesu liegen demnach genauso im Dunkeln wie die näheren Umstände seiner Geburt. Auch der Geschichte vom zwölfjährigen Jesus im Tempel, die Lukas erzählt (2,41-52), erkennen die Ausleger kaum historische Glaubwürdigkeit zu: Nach dieser Überlieferung trennt sich Jesus von seinen Eltern, die zum Passafest nach Jerusalem gekommen sind, um im Tempel zu bleiben und dort mit den Schriftgelehrten zu reden. Alle staunen »über seinen Verstand und seine Antworten« (Lk 2,47).

Jesu Familie

Eher beiläufig (Mk 6,3; Mt 13,55) erfahren wir, daß Jesu Vater ›Zimmermann‹ bzw. ›Schreiner‹ (griechisch *tekton* = Bauhandwerker) war und Jesus wohl ebenfalls diesen Beruf erlernte, vielleicht auch ausübte. Bezeugt wird, daß Jesus Brüder und Schwestern hatte (Mk 3,31-35; 6,1-6; Mt 12,46-50;

13,53-58; Lk 8,19-21). Seine Brüder, die später zum Teil auch in der ersten Christengemeinde eine wichtige Rolle spielten, werden mit Namen genannt: Jakobus, Joses bzw. Josef, Judas, Simon. Aus der Tatsache, daß an den genannten Stellen nur von der Mutter Jesu die Rede ist, hat man gefolgert, daß sein Vater früh gestorben sei.

Kulturelles Umfeld und Bildungsweg

Der Erfahrungsbereich, aus dem Jesus den Stoff seiner Gleichnisse schöpft, läßt einige Schlüsse auf das soziale und kulturelle Umfeld zu, in dem er aufwächst und wirkt: Es ist die bäuerliche Kultur des palästinischen Judentums, nicht die hellenistisch überformte Kultur der großen Städte, die Jesus – jedenfalls nach den Berichten der Evangelien – bewußt meidet.

Über den Bildungsweg Jesu erfahren wir nichts. Nach dem Zeugnis der Evangelien wird er während seiner späteren Tätigkeit gelegentlich mit ›Rabbi‹ (hebräisch *rabbi* bzw. *rabbuni* = ›mein Meister‹) – dem Titel der jüdischen Schriftgelehrten seit ca. 70 nach Christus – angeredet (Mt 26,25; Mk 9,5; 10,51; 11,21; 14,45 u. ö.). Auch die Anrede ›Lehrer‹ (griechisch *didaskalos*, zum Beispiel Mt 8,19) bzw. ›Meister‹ (griechisch *epistates*, Lk 5,5 u. ö.) weist auf diesen Zusammenhang. Ob man daraus folgern darf, er habe ein ›Lehrhaus‹, eine Rabbinenschule besucht, die es seit ca. 20 vor Christus gab, ist fraglich. Seinen Jüngern untersagt er, den Rabbi-Titel zu führen (Mt 23,8). Johannes setzt voraus, daß er keine derartige Ausbildung genossen hat (Joh 7,15).

Auftreten Johannes des Täufers

Als weithin sicher gilt dagegen, daß das öffentliche Auftreten Jesu mit dem Wirken Johannes des Täufers in Zusammenhang steht. Das läßt sich nach einer Angabe bei Lukas ziemlich genau datieren:

Im fünfzehnten Jahr der Herrschaft des Kaisers Tiberius, als Pontius Pilatus Statthalter in Judäa war und Herodes Landesfürst von Galiläa und sein Bruder Philippus Landesfürst von Ituräa und der Landschaft Trachonitis und Lysanias Landesfürst von Abilene, als Hannas und Kaiphas Hohepriester waren, da geschah das Wort Gottes zu Johannes, dem Sohn des Zacharias, in der Wüste. (Lk 3,1f)

Chronologische Angaben

Tiberius, der Nachfolger des Augustus auf dem römischen Cäsarenthron, regierte von 14 – 37 nach Christus; die Angabe führt uns also etwa in das Jahr 28 nach Christus. Die Söhne Herodes des Großen, Herodes Antipas und Philippus, verwalteten jeweils von 4 vor Christus bis 39 bzw. 34 nach Christus als Tetrarchen (griechisch *tetrarches* = ›Vierfürst‹, etwa im Range eines Herzogs) Teile des Landes. Herodes Antipas, dem Galiläa unterstellt war, war damit zugleich der Landesherr Jesu und Johannes des Täufers. Pontius Pilatus war von 26 – 36 nach Christus römischer Prokurator in Judäa. Von 18 – 37 nach Christus war Kaiphas Hoherpriester in Jerusalem. Sein Schwiegervater Hannas, der dieses Amt von 6 – 15 nach Christus innehatte, blieb auch danach noch ein mächtiger Mann.

Predigt und Wirken des Johannes

Nach dem, was sich aus den christlich überformten biblischen Berichten über Johannes den Täufer wie aus den Angaben des jüdischen Schriftstellers Josephus erschließen läßt, versteht sich dieser als letzter Bote Gottes vor dem endzeitlichen Weltgericht. Er ruft seine Landsleute zu radikaler Umkehr angesichts des bevorstehenden Endes auf. Die Umkehrwilligen tauft er im Wasser des Jordan »zur Vergebung der Sünden« (Mk 1,4), das heißt, zur Rettung im kommenden Gericht. Der Ort seines Wirkens ist die »Wüste«, genauer wohl das untere Jordantal. In diese Gegend hatten sich schon andere religiöse Gruppierungen – so die Gemeinde von Qumran – zurückgezogen. Zusammen mit seiner asketischen Kleidung und Nahrung – Gewand aus Kamelhaar, Ledergürtel, Heuschrecken und wilder Honig (Mk 1,6) – ist dieser Ort offenbar für Johannes von symbolischer Bedeutung: Die ›Wüstenzeit‹ gilt als die eigentliche Ur-Zeit und Hoch-Zeit des Volkes Israel; Erneuerung und Rettung kann es darum nur in der Rückkehr zu diesen Ursprüngen geben. Ob Johannes mit seiner Taufe an überlieferte Praktiken anknüpft oder ob sie im wesentlichen auf ihn selbst zurückgeht, läßt sich nicht eindeutig entscheiden. Reinigungsriten und -bäder sind im religiösen Umfeld – so in Qumran – durchaus üblich, doch fehlt ihnen der strikte endzeitliche Bezug.

Jesus: ein Johannesjünger?

Johannes scheint einen engeren Jüngerkreis um sich geschart zu haben (vgl. zum Beispiel Mt 9,14; 11,2; Lk 11,1; Joh 1,35 u. ö.), der auch nach seinem Tode noch weiter besteht (Mk 6,29). Daß auch Jesus zunächst zum Kreis um Johannes gehört hat, scheint manchen Auslegern ziemlich wahrscheinlich. Dafür spricht nicht nur die Tatsache seiner Taufe durch

Johannes, von der die Evangelien berichten (Mk 1,9-11; Mt 3,13-17; Lk 3,21f; Joh 1,32-34), sondern auch eine gewisse, freilich nicht ungebrochene Nähe zu dessen Botschaft (vgl. Lk 3,2 mit 4,17).

Öffentliches Auftreten Jesu

Nachdem Herodes Antipas Johannes den Täufer gefangengesetzt hat (Mk 1,14; 6,14-29; Mt 4,12; 11,1-6; 14,1-12; Lk 3,19f; 7,18-23; 9,7-9), beginnt Jesus mit seiner eigenen öffentlichen Wirksamkeit in Galiläa. Das heißt zugleich: Im Unterschied zu Johannes wartet er nicht darauf, daß die Menschen zu ihm kommen, sondern geht zu ihnen hin. Der Ort seines Wirkens ist nicht – im eigentlichen und übertragenen Sinne – die ›Wüste‹. Daß er sich zugleich von den asketischen Praktiken des Johannes und seiner Jünger löst, wird in den Evangelien sehr glaubwürdig bezeugt (vgl. auch Mt 11,18f):

Und die Jünger des Johannes und die Pharisäer fasteten viel; und es kamen einige, die sprachen zu ihm: Warum fasten die Jünger des Johannes und die Jünger der Pharisäer, und deine Jünger fasten nicht? (Mk 2,18)

Wirksamkeit in Galiläa

Datiert man das Auftreten Johannes des Täufers auf das Jahr 28 nach Christus, so wird man den Beginn der eigenständigen Wirksamkeit Jesu um das Jahr 29 oder 30 nach Christus ansetzen dürfen. Nach allem, was wir erfahren, sammelt er bald schon einen eigenen Jüngerkreis um sich. Das Zentrum seines Wirkens liegt in Galiläa, im Nordwesten des Sees Genezareth. Genannt werden immer wieder die drei Ortschaften Kapernaum, Chorazim und Bethsaida, wobei eine besondere Beziehung zu Kapernaum zu bestehen scheint. Dort befindet sich auch das Haus des Petrus, das dem Jüngerkreis vielleicht als eine Art Stützpunkt dient (Mk 1,29). Exakte Reiserouten lassen sich aus den Evangelien kaum erschließen. Die betreffenden Angaben – auch über gelegentliche Abstecher in nichtjüdisches Gebiet – stehen deutlich im Dienst theologischer Interpretation der Sendung Jesu. Wir begegnen hier wiederum der schon eingangs beschriebenen Eigenart der Quellen, die es kaum erlaubt, eine Biographie Jesu im modernen Sinne zu entwerfen. Der Gewinn an historisch glaubwürdigen Fakten, den die gründliche Beschäftigung mit diesen Quellen abwirft, ist dennoch beachtlich.

Mitten unter euch

Vom ›Königreich Gottes‹

Daß im Zentrum der Verkündigung Jesu die Botschaft vom nahen Gottesreich steht, ist unbestritten. Wie aber läßt sich das verstehen? Welche konkreten Vorstellungen und Erwartungen verbindet Jesus mit dieser Rede? Die Selbstverständlichkeit, mit der Jesus vom ›Königreich Gottes‹ (griechisch: der *basileia tou theou*) bzw. vom ›Königreich der Himmel‹ (der *basileia ton ouranon*) redet, setzt voraus, daß er damit eine Vorstellung trifft, die seinen Hörern durchaus vertraut ist. Die Mühe, die er andererseits – etwa in den Gleichnissen – darauf verwendet, den Sinn dieser Rede zu verdeutlichen, läßt erkennen, daß er hier in entscheidender Weise eigene Akzente setzt.

Gott als König in Israel

In der Umwelt Israels gehört die Vorstellung von ›Götterkönigen‹ – zum Beispiel vom ›Götterkönig‹ Baal, der auf dem Götterberg im Norden als Weltenherrscher residiert – zum selbstverständlichen religiösen Inventar. Zum Grundbestand des Jahweglaubens scheint diese Gottesbezeichnung nicht zu gehören. Sie ist kanaanäischen und ugaritischen Ursprungs und wird erst im Zuge der Begegnung Israels mit den kanaanäischen Stadtkönigtümern – und der Entwicklung eigenstaatlicher Strukturen – auf Jahwe übertragen. Von der ewig-gegenwärtigen – nicht erst einer kommenden! – Königsherrschaft Gottes über das All reden vor allem die Psalmen (vgl. Ps 29; 48; 69; 96; 98; 145f u.ö.):

Der Herr hat seinen Thron im Himmel errichtet,
und sein Reich herrscht über alles. (Ps 103,19)

Zionstheologie

Nach der Errichtung des Salomonischen Tempels in Jerusalem heftet sich diese Vorstellung an den ›Zion‹ – ursprünglich wohl Bezeichnung des Hügels, auf dem das vorisraelitische Jerusalem lag, später dann Name für den Tempelberg bzw. die ›Stadt Davids‹ schlechthin. Der ›Zion‹ wird so gleichsam zum irdischen Regierungssitz des himmlischen Königs, von dem aus er seine Herrschaft über Israel und über alle Völker ausübt. Der irdische Kult, der im Tempel vollzogen wird, findet seine Entsprechung in dem Kult, der Jahwe als König im Himmel dargebracht wird.

Das kommende Gottesreich

Der Untergang des davidischen Königtums und der Verlust der Eigenstaatlichkeit führen zu einer folgenreichen Umwandlung und Erweiterung der ›Zionstheologie‹: Die endgültige Offenbarung und geschichtliche Durchsetzung des Königtums

Gottes wird nun erst für die Zukunft erwartet; sie wird zum Gegenstand der *Hoffnung* Israels. Entscheidenden Anteil an dieser – wie die Theologen sagen – ›Eschatologisierung‹ der Zionstheologie (von griechisch *ta eschata* = die letzten [Dinge]) hat Deuterojesaja: Jahwe, so verkündet er, wird wieder auf dem Zion seinen Sitz nehmen und dort seine Königsherrschaft über alle Völker ausüben. Die Wiederherstellung Israels beschreibt er als einen totalen Neuanfang, der faktisch einer Neuschöpfung entspricht (Jes 40,3f.28; 43,14-21).

Dieser zuletzt genannte Gedanke tritt in der Folgezeit zurück. In breiten Kreisen des nachexilischen Judentums dominiert eher ein »nationalgeschichtliches, auf Zion-Jerusalem konzentriertes Denken« (Becker 108). Es kann sich hier, wie wir gesehen haben, mit der Erwartung eines ›Messias‹ aus dem Hause Davids (bzw. mit der Erwartung anderer personifizierter Endzeitgestalten) verbinden.

Ein neues Weltzeitalter

In der jüdischen Apokalyptik gewinnt dann die Vorstellung vom Ende des gegenwärtigen und vom Anbruch eines neuen, in kosmischen Bildern geschauten Weltzeitalters zunehmend an Bedeutung. In diesen Zusammenhang gehört auch die Rede Daniels vom kommenden Reich des ›Menschensohnes‹, auf die wir schon oben eingegangen sind (Dan 7,13.27). Eine spezifische Ausprägung erfährt diese Vorstellung im dualistischen Modell von zwei miteinander ringenden ›Reichen‹, wie sie zum Beispiel in der Gemeinschaft von Qumran begegnet: Während in der Gegenwart die Fürsten des Lichtes und der Finsternis noch miteinander streiten, ist der Kampf vor Gott bereits zugunsten der Söhne des Lichtes entschieden. Maßgeblich für das Judentum zur Zeit Jesu bleibt freilich insgesamt eine Grundeinstellung, die »vom ununterbrochenen Bestand der Schöpfung« ausgeht und für die auch das »letzte Friedens- und Glücksreich ... zu diesem jetzt existierenden Kosmos gehört« (Becker 126f).

Bekenntnis zur Gottesherrschaft

Insbesondere die jüdisch-rabbinische Literatur betont deutlich die Kontinuität der Gottesherrschaft in Schöpfung und Geschichte. Israel bekennt sich zu dieser Gottesherrschaft, indem es die Großtaten Gottes erinnert und sein Gesetz hält. In der Befreiung Israels, auf die man hofft, wird zugleich die Herrschaft Gottes über Israel und alle Völker endgültig offenbar werden.

Die Rede Jesu vom ›Königreich Gottes‹ läßt sich augenscheinlich mit keiner dieser Vorstellungen glatt verrechnen. Ihr Sinn erschließt sich, wenn man sie aus dem Zusammenhang seines Wirkens heraus zu verstehen sucht.

Verkündigung Jesu

(1) ›Reich Gottes‹ ist im Munde Jesu keine theologische Formel. Es meint keine Lehre, die sich in Begriffen fassen und bestimmen ließe, sondern ein Ereignis, ein Geschehen. Genauer: Es meint ein Handeln Gottes an der Welt und an den Menschen, das unmittelbar erfahren wird und von dem man erzählen kann, das sich aber gegen Definitionen sperrt. Es gewinnt Gestalt in der Rede Jesu, vor allem aber in seinem Tun.

Gottesherrschaft als Ereignis

Von aufschließender Bedeutung sind hier Berichte, die neuzeitlichem Empfinden manche Schwierigkeiten bereiten mögen, aber den Ereignischarakter der ›Gottesherrschaft‹ eindringlich verdeutlichen. Es geht um die in den Evangelien vielfach bezeugten exorzistischen (griechisch *exorkizein* = beschwören) Handlungen Jesu: Wo er sich anschickt, die Dämonen auszutreiben, liegt das Gottesreich mit dem Reich des Bösen, der Herrschaft Satans, ganz aktuell im Kampf. Und so kann er sagen:

Dämonenaustreibungen

Wenn ich aber durch Gottes Finger die bösen Geister austreibe, so ist ja das Reich Gottes zu euch gekommen. (Lk 11,20)

Das heißt: Jesus redet nicht nur – wie Johannes der Täufer – vom nahe bevorstehenden Gottesgericht. Er ist vielmehr davon überzeugt, daß in seinem Handeln bereits hier und jetzt die Herrschaft Gottes sich gegen die widergöttlichen und menschenfeindlichen Mächte durchzusetzen beginnt, für die im damaligen Weltbild die ›Dämonen‹ stehen. Daß sie als persönliche Wesenheiten vorgestellt werden, die angesprochen werden können und die zu antworten vermögen, gehört ebenso in dieses Bild wie die Vorstellung von einer – ebenfalls als Person gedachten – höchsten Macht des Bösen, der sie ihrerseits unterworfen sind. Der Sturz dieser Macht, die als zerstörende Kraft in den Menschen und zwischen den Menschen wirkt, bedeutet zugleich den Sieg der Gottesherrschaft. Ein schwieriges Jesuswort – im Zusammenhang dieses Kampfgeschehens gelesen – gewinnt hier seinen Sinn. Die Jünger, die Jesus ausgesandt hat, kommen zurück und berichten:

Sieg über den Satan

Herr, auch die bösen Geister sind uns untertan in deinem Namen. Er aber sprach zu ihnen: Ich sah den Satan vom Himmel fallen wie einen Blitz. (Lk 10,17f)

Das heißt nichts anderes als: Der Widersacher Gottes ist entmachtet, das Gericht über ihn ist vollzogen. Solchem Sieg Gottes im Himmel folgt – in Gestalt der Dämonenaustreibungen durch Jesus und seine Jünger – unmittelbar und unwiderstehlich sein Herrschaftsantritt auf der Erde.

Heilungstaten Jesu

(2) Nicht nur die Dämonenaustreibungen, auch die anderen Heilungstaten, die Jesus vollbringt oder zu denen er seine Jünger bevollmächtigt, stehen im Zeichen dieser Dynamik. Das ›Reich Gottes‹ ereignet sich, greift Raum, wird Wirklichkeit, wo Jesus gegen menschliche Gebrechen und Krankheiten zu Felde zieht. Deutlich bleibt dabei: Der eigentlich Handelnde in all dem ist Gott selber. Wo Blinde sehend werden, Gelähmte wieder gehen können, Aussätzige rein werden, Taube hören, Tote zum Leben kommen (Mt 11,5f; Lk 7,22f), vollzieht sich die Zeitenwende, erscheint das ›Reich Gottes‹ auf Erden, setzt Gott seine Herrschaft endgültig durch. Daß Jesus solche Heilungstaten vollbracht hat, kann aufgrund der Quellenlage kaum ernsthaft bestritten werden, obwohl es im einzelnen kaum möglich ist, die Historizität dieser oder jener Heilungsgeschichte nachzuweisen. In der Summe jedoch zeichnen die Evangelien durchaus ein zutreffendes Bild: Denn er heilte viele, so daß alle, die geplagt waren, über ihn herfielen, um ihn anzurühren. (Mk 3,10)

Heilungswunder in der Antike

Daß ein Wanderprediger wie Jesus in solcher Weise als Wunderheiler in Anspruch genommen wird, ist im antiken Kontext nichts Außergewöhnliches. Heilungswunder ganz ähnlicher Art werden auch den Rabbinen und ihren Schülern zugeschrieben. Wunderheiler begegnen ebenfalls im nichtjüdischen, hellenistischen Raum, und die Berichte über ihre Taten gleichen durchaus denen, die uns im Neuen Testament überliefert sind: Von der Schwere der Krankheit wird erzählt, häufig auch von vergeblichen Versuchen anderer, sie zu heilen. Ist der Wunderheiler erfolgreich in Aktion getreten, wird das Ergebnis meist anschaulich geschildert, ebenso das Erstaunen, das das Ereignis bei den Umstehenden auslöst. An einer medizinischen Erklärung des Vorgangs sind diese Berichte nicht interessiert. Wichtiger ist ihnen der Verweis auf die Kraft und die Vollmacht des Heilers und der hinter ihm stehenden Gottheit.

Wenn das Neue Testament von den Heilungstaten Jesu und

seiner Jünger berichtet, redet es nicht nur von staunenswerten ›Wundern‹ (griechisch *thaumasia*), sondern auch von ›Krafttaten‹ (griechisch *dynameis*), ›Zeichen‹ (griechisch *semeia*) und ›Schrecknissen‹ (griechisch *terata*). Auf die drei letztgenannten Begriffe greift Petrus in seiner Pfingstpredigt zurück, um das Wirken Jesu zu beschreiben:

Krafttaten, Zeichen und Schrecknisse

Jesus von Nazareth, von Gott unter euch ausgewiesen durch Taten und Wunder und Zeichen, die Gott in eurer Mitte getan hat, wie ihr selber wißt ... (Apg 2,22)

Kampf gegen die Todesmächte

Dabei ist deutlich: All diese Taten sind nicht Selbstzweck. Sie dienen auch nicht nur dazu, die Bedeutung Jesu zu unterstreichen. In ihnen vollzieht sich vielmehr – wie in der Vertreibung der Dämonen – das Kommen des Gottesreiches. Sie sind Teil des Kampfes, in dem Gott seine Herrschaft gegen die Todesmächte durchsetzt. Wo das Gottesreich anbricht, verlieren Krankheit und Tod ihre Macht. Wenn Jesus Kranke heilt, ist dies »Tatverkündigung der Gottesherrschaft« (Wolfgang Trilling); das Wort vom Kommen des Reiches gewinnt darin eine erfahrbare Gestalt.

Mehrdeutigkeit

Das gilt freilich nur für den, der den Worten Jesu Glauben schenkt. Für sich genommen, bleiben seine Heilungstaten mehrdeutig. Er muß sich sogar den Vorwurf gefallen lassen, daß er die bösen Geister mit Hilfe Satans austreibt (Mk 3,22f). Auch die Antwort, die nach dem bei Matthäus überlieferten Bericht Jesus dem gefangenen Johannes gibt, läßt in ihrem letzten Satz diesen Zusammenhang erkennen: Am Gottesreich und seinen Segnungen hat Anteil, wer sich nicht an ihm »ärgert«, wer also die Taten Jesu als Anbruch der Heilszeit erkennt und anerkennt:

Frage des Johannes

Als aber Johannes im Gefängnis von den Werken Christi hörte, sandte er seine Jünger und ließ ihn fragen: Bist du es, der da kommen soll, oder sollen wir auf einen andern warten? Jesus antwortete und sprach zu ihnen: Geht hin und sagt Johannes wieder, was ihr hört und seht: Blinde sehen und Lahme gehen, Aussätzige werden rein und Taube hören, Tote stehen auf, und Armen wird das Evangelium gepredigt; und selig ist, wer sich nicht an mir ärgert. (Mt 11,2-6)

Stellung zu Jesus

Die Antwort Jesu nimmt – ohne ausdrückliches Zitat zu sein – Bilder aus dem Jesajabuch auf (Jes 35,5f; 61,1). Die Zeitgenossen werden auch noch an andere Stellen aus dem Alten Testament gedacht haben (1 Kön 17,17ff; 2 Kön 4,18ff; 5,1ff; Jes 26,29; 29,18f; 42,18). Die Sprachform von Mt 10,5 – die die Nennung eines direkten Subjekts vermeidet –, weist auf Gott als den eigentlich Handelnden hin: Es sind allesamt Ereignisse der Heilszeit, in denen sich die Gottesherrschaft gegen jene Mächte durchsetzt, die die Menschlichkeit des Menschen zerstören. In diese Ereignisse ist Jesus insofern »eingebunden«, als sich an der Stellung zu ihm die Zugehörigkeit zum endzeitlichen Heils-Raum der Gottesherrschaft entscheidet.

Zugang zum Gottesreich

(3) *Den Armen wird das Evangelium gepredigt* (Mt 11,5): Nicht nur körperliche und seelische Krankheiten, auch sozial wie religiös bedingte Gebrechen werden geheilt, wo die Gottesherrschaft Raum greift. In diesem »Werk des Christus« (Mt 11,2) geht es um den Zugang zum Reich Gottes. Es steht auch den ›Armen‹ offen, die hierin sogar Vorrang vor den ›Reichen‹ genießen:

Selig seid ihr Armen; denn das Reich Gottes ist euer. (Lk 6,20)

Wahrlich, ich sage euch: Ein Reicher wird schwer ins Himmelreich kommen. (Mt 19,23)

Arme in Israel

Der Begriff des ›Armen‹ ist vielschichtig. Sind damit in Israel ursprünglich die Besitzlosen gemeint – insbesondere diejenigen, die man um ihren Anteil an Grund und Boden gebracht hat –, so gewinnt das Wort später auch eine religiöse Bedeutung; so zum Beispiel in den Psalmen, wo es eine demütige Haltung kennzeichnet, die sich selbst vor Gott klein macht. Von daher ergeben sich Assoziationen zu ›gerecht‹ und ›heilig‹: Religiöse Gruppen – etwa die Gemeinde von Qumran – können sich so kollektiv als ›die Armen‹ verstehen; eine Selbstbezeichnung, die offenbar auch in der frühen Christengemeinde eine Rolle spielt. Dennoch darf man davon ausgehen, daß in den Seligpreisungen (Mt 5,3; Lk 6,20f) wirklich die »materiell Armen« gemeint sind – Menschen, die nicht einmal mehr als Tagelöhner ihr Brot verdienen können, sondern auf das Betteln angewiesen sind. Dafür spricht schon, daß Lukas sie in einem Atem mit den ›Hungernden‹ und den ›Weinenden‹ nennt:

Selig seid ihr Armen; denn das Reich Gottes ist euer.
Selig seid ihr, die ihr jetzt hungert; denn ihr sollt satt werden.
Selig seid ihr, die ihr jetzt weint; denn ihr werdet lachen.

Neben den ›Armen‹ wird das Reich Gottes auch anderen benachteiligten Gruppen geöffnet. So den Kindern, denen geradezu eine Vorbildfunktion zugesprochen wird:

Kinder

Laßt die Kinder zu mir kommen und wehret ihnen nicht;
denn solchen gehört das Reich Gottes.
Wahrlich, ich sage euch:
Wer das Reich Gottes nicht empfängt wie ein Kind,
der wird nicht hineinkommen. (Mk 10,14)

Frauen

Ein vergleichbares Wort ist für eine weitere sozial benachteiligte Gruppe, die Frauen, nicht überliefert. Doch gehören offenkundig auch Frauen zum Kreis um Jesus (Lk 8,1-3), und seine Stellungnahme zur Ehescheidung (Mk 10,1-12; Lk 16,18) stärkt eindeutig die rechtliche Position der Frau.

Zöllner und Sünder

Vielfach bezeugt ist die Zuwendung Jesu zu den ›Sündern‹. Daß er ein »Freund der Zöllner und Sünder« ist (Mt 11,19), gar Mahlgemeinschaft mit den ›Sündern‹ hält (Lk 15,2), wird ihm von seinen Gegnern immer wieder vorgeworfen. Zum Verständnis ist wichtig, daß der Begriff nicht nur den einzelnen meint, der das Gebot Gottes übertritt, sondern ganze Berufsgruppen und soziale Schichten deklassiert. Generell als ›Sünder‹ gelten zum Beispiel Zoll- und Steuereinnehmer, Geldwechsler und -verleiher; sie werden in einem Atem mit ›Räubern‹ und ›Mördern‹ genannt.

Kranke

Da Krankheiten, Behinderungen, körperliche Gebrechen vielfach als Sündenstrafen Gottes begriffen werden, gehören ›Kranke‹ ebenfalls in dieses Umfeld. Daß Jesus auch die ›Sünder‹ in das Reich Gottes ruft, wird als besonders anstößig empfunden, zumal dort, wo er ihnen dabei noch den Vorrang vor seinen Gegnern einräumt:

Die Zöllner und Huren kommen eher ins Reich Gottes als ihr.(Mt 21,31b)

Gesandt zu den Verlorenen

Die Öffnung des Gottesreiches für soziale und religiöse Randgruppen ist offenbar zentraler Bestandteil der Predigt Jesu wie seines Handelns. Das kommt zum Ausdruck, wenn in den Gleichnisreden Jesu Gott als einer erscheint, der das ›Verlorene‹ sucht (Lk 15,3-32). Es kommt zum Ausdruck, wenn Jesus selber für sich in Anspruch nimmt, er sei »gesandt zu den verlorenen Schafen des Hauses Israel« (Mt 15,24). Das heißt zugleich: So wie die Gottesherrschaft Krankheit und Tod, Hunger und Armut bricht, bereitet sie auch jenen grundlegenden Beschädigungen des individuellen wie des sozialen Seins ein Ende, für die Begriff und Wirklichkeit der ›Sünde‹ stehen. Dabei ist die Annahme der ›Sünder‹ nicht erst – wie es der Begriff der ›Öffnung‹ nahelegt – ein Akt, der dem Kommen der Gottesherrschaft folgt. Vielmehr gilt: Gott siegt über die Sünde, *indem* er die Sünder heimholt in sein Reich. In ihrer Annahme vollzieht und verwirklicht sich die Gottesherrschaft.

Überwindung von Grenzen

Das heißt weiter: Das Reich Gottes setzt sich auch darin durch, daß es kulturelle, soziale, religiöse Schranken durchbricht, die mit ihnen verbundenen Ausgrenzungen und Deklassierungen aufhebt, die ›Verlorenen‹, Ausgegrenzten wieder in die Heilsgemeinschaft integriert. Darin wird zugleich deutlich, daß dort, wo die Gottesherrschaft im Handeln Jesu Raum greift, nicht nur dem einzelnen, sondern auch der Gemeinschaft Heilung widerfährt.

Gleichnisse vom Gottesreich

(4) Das Ereignis des Reiches Gottes hat seinen letzten und einzigen Grund in der unableitbaren, unbegründeten, unverdienten und unverdienbaren Zuwendung Gottes. Von ihr reden vor allem die Gleichnisse Jesu: Gottes unbegründete Liebe scheint durch in dem Bild des Weinbergsbesitzers, der den Zuletztgekommenen – den ›Verlorenen‹ – den gleichen Lohn zahlt wie denen, die von der Frühe an in seinem Weinberg gearbeitet haben (Mt 20,1-16). Sie begegnet im Handeln jenes Königs, der seinem Satrapen eine unermeßliche, durch nichts zu erstattende Schuld erläßt (Mt 18,23-27). Sie ist im Handeln jenes Vaters abgebildet, der seinen heimkehrenden Sohn bedingungslos in die Arme schließt und ihn wieder in seine Rechte einsetzt (Lk 15,11-24).

Grundordnung der Gottesherrschaft

Zugleich reden die Gleichnisse Jesu von der Grundordnung im Reich Gottes, beschreiben die Regeln, die hier gelten: Derjenige, der sich weigert, die ihm widerfahrene Vergebung an andere weiterzugeben, wird aus dem Reich ausgestoßen (Mt 18,28-35). Der ältere Sohn, der dem Vater sein Verhalten vorhält und vorrechnet, schließt sich selbst vom Festmahl aus (Lk 15,25-32). Umgekehrt wird der verachtete Fremdling, der sich dem Überfallenen zuwendet und sich dabei keinen Deut um ethnische, soziale, religiöse Schranken schert, zum ›Nächsten‹ – und das heißt: zum Mitbürger im Reich Gottes (Lk 10, 25-37).

Senfkorn

Eine Reihe von Gleichnissen nimmt ausdrücklich auf das Gottesreich Bezug. Einige davon handeln vom Gegensatz zwischen dem unscheinbaren Anfang der Gottesherrschaft im Wirken Jesu und der alles umfassenden, aus den Anfängen kaum zu erschließenden Größe, in der sie sich vollenden wird:

Und er sprach: Womit wollen wir das Reich Gottes vergleichen,
und durch welches Gleichnis wollen wir es abbilden?
Es ist wie ein Senfkorn: wenn das gesät wird aufs Land,
so ist's das kleinste unter allen Samenkörnern auf Erden;
und wenn es gesät ist, so geht es auf
und wird größer als alle Kräuter und treibt große Zweige,
so daß die Vögel unter dem Himmel
unter seinem Schatten wohnen können. (Mk 4,30-32)

Schatz und Perle

Andere Gleichnisse schildern das Gottesreich – genauer wohl: das Leben unter der Gottesherrschaft – als etwas unendlich Kostbares und Erstrebenswertes, das jeden Einsatz lohnt:

Das Himmelreich gleicht einem Schatz, verborgen im Acker,
den ein Mensch fand und verbarg;
und in seiner Freude ging er hin und verkaufte alles,
was er hatte, und kaufte den Acker.
Wiederum gleicht das Himmelreich einem Kaufmann,
der gute Perlen suchte, und als er eine kostbare Perle fand,
ging er hin und verkaufte alles, was er hatte, und kaufte sie.
(Mt 13,44-46)

Festmahl

Um so unverständlicher, wenn diejenigen, die zum Festmahl – wie wir unten noch sehen werden, ein großes, traditionelles Bild für die Gemeinschaft mit Gott in seinem Reich! – geladen sind, die Einladung ausschlagen, weil sie um anderes ›besorgt‹ sind: »Ich habe einen Acker gekauft und muß hinausgehen und ihn besehen; ich bitte dich, entschuldige mich.« Da lädt – so geht die Geschichte weiter – der Hausherr »die Armen, Verkrüppelten, Blinden und Lahmen« in sein Haus und an seinen Tisch. Und als immer noch Platz ist an der Tafel, nötigt er auch noch solche, die an den Straßen und Zäunen hausen, zu seinem Fest (Lk 14,16-24).

Sauerteig

So schildern die Gleichnisse Jesu das Gottesreich nicht als einen – gegenwärtigen oder zukünftigen – Zustand, sondern als ein Geschehen voller Dynamik, das im Handeln Jesu konkret und erfahrbar seinen Anfang nimmt; als ein Geschehen, das auf eine von Gott gewollte und gewirkte Verwandlung der Welt zielt, ihre Durchdringung mit einer neuen Wirklichkeit, mit neuem Leben:

Und wiederum sprach er: Womit soll ich das Reich Gottes vergleichen? Es gleicht einem Sauerteig, den eine Frau nahm und unter einen halben Zentner Mehl mengte, bis es ganz durchsäuert war. (Lk 13,20f)

Verstrickt in Geschichten

So wie sich die Gottesherrschaft in den Dämonenaustreibungen und Heilungstaten durchsetzt, wie sie in der Heimholung der ›Verlorenen‹, in der Rettung der Armen, in der Sättigung der Hungernden Gestalt gewinnt, so gelangt sie auch in den Gleichnissen Jesu zur Wirklichkeit und zur Wirkung. Es sind großenteils Erzählungen, die die Zuhörer buchstäblich in die Dynamik der Gottesherrschaft ›verstrikken‹: Wer sich auf diese Geschichten und Bilder einläßt, geht verändert aus ihnen hervor. Es kann ihm passieren, »daß sein bisheriges Weltverstehen in die Krise gerät«, daß er aber auch »Freiheit für neue Erfahrung« gewinnt (Becker 186).

Mahlgemeinschaften Jesu

(5) So, wie die Gleichnisreden Jesu die Gottesherrschaft nicht nur ankündigen, sondern die Zuhörer gleichsam in sie verstricken, lassen auch die Mahlgemeinschaften Jesu, von denen in den Evangelien die Rede ist, die Gegenwart der Gottesherrschaft ganz unmittelbar erfahren. So ließe sich sagen: Die Gottesherrschaft greift nicht nur dort Raum, wo Dämonen ausgetrieben, Kranke geheilt, Verlorene heimgeholt werden, wo von ihr gepredigt und erzählt wird. Sie wird auch buchstäblich ›herbeigegessen und herbeigetrunken‹. Die Mahlgemeinschaften Jesu sind nicht nur Vorgriffe auf das endzeitliche Heilsmahl, Vorzeichen künftiger Vollendung, sondern eine Weise, wie die Gottesherrschaft sich gegenwärtig zeigt und durchsetzt.

Das endzeitliche Heilsmahl

Daß es im künftigen Gottesreich Nahrung in Hülle und Fülle geben wird, daß die Hungernden gesättigt werden, daß Gott selber die Menschen mit allem Notwendigen im Überfluß versorgen wird, gehört zum festen Inventar alttestamentlich-jüdischer Endzeitvorstellungen. So nimmt es nicht wunder, daß man sich das Leben in der Heilszeit als ein immerwährendes Friedens- und Freudenmahl vorstellt:

Und der Herr Zebaoth wird auf diesem Berge
allen Völkern ein fettes Mahl machen,

ein Mahl von reinem Wein, von Fett, von Mark,
von Wein, darin keine Hefe ist. (Jes 25,6)

Zu Tische sitzen im Reich Gottes

Jesus nimmt diese Vorstellungen auf. Auch für ihn ist es ganz selbstverständlich, daß man im ›Reich der Himmel‹ miteinander zu Tische sitzt:

Aber ich sage euch: Viele werden kommen von Osten und von Westen und mit Abraham und Isaak und Jakob im Himmelreich zu Tisch sitzen. (Mt 8,11)

Das große Abendmahl

Auch in seinen Gleichnissen stellt er die Gottesherrschaft unter dem Bilde eines Festmahls dar:

Als aber einer das hörte, der mit zu Tisch saß, sprach er zu Jesus: Selig ist, der das Brot ißt im Reich Gottes! Er aber sprach zu ihm: Es war ein Mensch, der machte ein großes Abendmahl und lud viele dazu ein. Und er sandte seinen Knecht aus zur Stunde des Abendmahles, den Geladenen zu sagen: Kommt, denn es ist alles bereit! (Lk 14,15-24)

Jesus: ›Fresser und Weinsäufer‹

Aber Jesus redet nicht nur vom endzeitlichen Heilsmahl. Seine Mahlgemeinschaften sind vielmehr »Ereignisse der ankommenden Gottesherrschaft selbst« (Becker 200). Die Hinweise in den Quellen sind mehr als deutlich: Ein Großteil der Wirksamkeit Jesu, so läßt sich erkennen, spielt sich im Zusammenhang von Gastmählern ab (vgl. u. a. Mt 9,10; 11,18f; 22,1-14; Mk 2,15-17.18ff; 3,20; 7,1ff; 14,3ff; Lk 7,33f.36ff; 10,7f.38ff; 13,26; 14,1ff.15-24; 15,1f u. ö.). Auch die Überlieferungen über die großen Mahlgemeinschaften Jesu, verbunden mit ›wunderbaren Brotvermehrungen‹, gehören in diesen Zusammenhang (Mt 14,13-21; 15,32-39;Mk 6,30-44; 8,1-9; Lk 9,10-17; Joh 6,1-13). Der Eindruck auf die Zeitgenossen ist offenbar so stark, daß sogar die Gegner Jesu polemisch darauf Bezug nehmen:

Johannes ist gekommen, aß nicht und trank nicht; so sagen sie: Er ist besessen. Der Menschensohn ist gekommen, ißt und trinkt; so sagen sie: Siehe, was ist dieser Mensch für ein Fresser und Weinsäufer, ein Freund der Zöllner und Sünder! (Mt 11,18f)

Für alle offen

Die Mahlgemeinschaften Jesu – so gibt gerade dieser Vorwurf zu erkennen – sind für alle offen. Die ›Heimholung der Verlorenen‹ – eines der entscheidenden Merkmale, an denen man den Anbruch der Gottesherrschaft erkennen kann – wird bei diesen Mahlgemeinschaften Ereignis, gewinnt eine konkrete soziale Gestalt. Eingeladen sind die ›Zöllner und Sünder‹ (Mk 2,15; Mt 11,19; Lk 15,2 u. ö.), eingeladen sind die Kranken (Lk 14,21 u. ö.), eingeladen sind gewiß die ›Armen‹ und ›Hungernden‹, von denen es ja ausdrücklich heißt, daß sie unter der Gottesherrschaft »satt werden« sollen (Lk 6,20f).

Zukunft oder Gegenwart?

(6) Redet Jesus vom Reich Gottes als von einer kommenden, zukünftigen Wirklichkeit? Oder verkündet er es als eine gegenwärtige, in seinem Handeln bereits hier und jetzt wirksame Größe? Die Fragen – von den Auslegern wieder und wieder gestellt und durchaus kontrovers beantwortet – suggerieren eine Alternative, die dem Ereignischarakter der Gottesherrschaft, wie er sich nicht zuletzt auch aus den Gleichnisreden Jesu erschließen läßt, nicht gerecht wird: Als ein Ereignis, das nicht von Menschen bewirkt wird, sondern von Gott seinen Ausgang nimmt, ist es gegenwärtig und zukünftig zugleich. Mit Anspielung auf einen Buchtitel, der vor einiger Zeit von sich reden machte, ließe sich sagen: Im Wirken Jesu hat die Zukunft bereits begonnen. Der Schnitt, der das Alte vom Neuen trennt, ist erfolgt. Der Anfang ist gesetzt, unaufhaltsam und unumkehrbar breitet sich das Gottesreich aus. Wo Jesus wirkt, wird Gegenwart in Zukunft verwandelt, fallen Gegenwart und erhoffte Zukunft schon zusammen (Becker 148).

Dein Reich komme

Das bedeutet keineswegs, daß Jesus – angesichts solch in doppelter Weise ›erfüllter‹ Gegenwart – nichts mehr von der Zukunft ›erwartet‹ hätte. Im Gegenteil: Das Kommen der Gottesherrschaft, in der beschriebenen Weise als ein in der Gegenwart anhebendes Ereignis, als einen Prozeß begriffen, hat selbstverständlich ein Ziel. Das steht dahinter, wenn Jesus seine Jünger dazu anhält, um das Kommen der Gottesherrschaft zu bitten: »Dein Reich komme«, heißt es im Vaterunser, dem Gebet, das Jesus seine Jünger lehrt (Mt 6,10).

Vorschau auf Künftiges

Von solcher Erwartung einer nahen Vollendung der Gottesherrschaft redet auch ein Jesuswort, das im Zusammenhang der Abendmahlsberichte überliefert wird. Es spricht vom künftigen Fest im Gottesreich und macht zugleich deutlich, daß Jesus die endgültige Durchsetzung der Gottesherrschaft nicht durch den von ihm offenbar erahnten Tod gefährdet sieht:

Wahrlich, ich sage euch, daß ich nicht mehr trinken werde vom Gewächs des Weinstocks bis an den Tag, an dem ich aufs neue davon trinke im Reich Gottes. (Mk 14,25)

Auch die Schilderung des Gerichts, das der ›Menschensohn‹ bei seinem Kommen halten wird (Mt 25,31-46), macht nur Sinn, wenn man sie als Vor-Schau auf Zukünftiges begreift. Das Jesuswort, das die ›Nähe‹ des Gottesreiches ansagt, umfaßt beides – die Gegenwart der Gottesherrschaft im Wirken Jesu wie ihre noch ausstehende Vollendung. Im Bilde gesprochen: Das ›Kommen‹ der Gottesherrschaft ereignet sich auf einem Weg, der von der Zukunft in die Gegenwart führt, um diese schließlich ganz zu ergreifen und zu durchdringen. Wer sich Jesus anschließt, geht diesen Weg mit. Das heißt: Er ist selber schon – mit seiner Gegenwart – in der Zukunft Gottes zu Hause:

Nähe des Gottesreiches

Die Zeit ist erfüllt, und das Reich Gottes ist herbeigekommen.
Tut Buße und glaubt an das Evangelium! (Mk 1,15)

Hier wird ein Geschehen beschrieben, das im Gang ist, das nicht nur seine Schatten vorauswirft, sondern bereits die Gegenwart ergreift, sie fortschreitend in Besitz nimmt – ohne daß es sich hier und jetzt bereits eindeutig und endgültig ›festmachen‹ ließe:

Mitten unter euch

Das Reich Gottes kommt nicht so, daß man's beobachten kann;
man wird auch nicht sagen: Siehe, hier ist es! oder: Da ist es!
Denn siehe, das Reich Gottes ist mitten unter euch. (Lk 17,20f)

Gelitten, gestorben und begraben

Zum Passafest, so erfahren wir aus den Evangelien, kommt Jesus mit seinen Jüngern nach Jerusalem. Dort wird er verhaftet, von den Römern zum Tod am Kreuz verurteilt und hingerichtet.

Wann starb Jesus?

Das historische Faktum, daß Jesus auf solche Weise in Jerusalem starb, gilt allgemein als gesichert. Streit entzündet sich an der Frage, wann denn der Tod Jesu genau zu datieren sei. Übereinstimmung besteht darin, daß er während der Amtszeit des römischen Statthalters Pontius Pilatus (26 – 36 nach Christus) und des Hohenpriesters Kaiphas (18 – 37 nach Christus) gestorben ist. Als Todestag bestimmen die Quellen einhellig den Tag vor dem Sabbat, also einen Freitag.

Passafest und Passamahl Unstrittig ist auch die Nähe zum Passafest, das in der Vollmondnacht des Frühlingsmonats Nisan – also vom 14. zum 15. Nisan – begangen wird. Nomadischen Ursprungs, verbindet es sich später mit einem Erntefest, dem ›Fest der ungesäuerten Brote‹ (*Mazzot*), zu einem Doppelfest, das bis zum 21. Nisan dauert. Zum Verständnis der neutestamentlichen Texte ist eine gewisse Kenntnis der rituellen Abläufe nötig: Am Nachmittag des 14. Nisan werden im Tempelvorhof die Passalämmer geschlachtet. Nach Sonnenuntergang beginnt dann das häusliche Passamahl. Zu Beginn wird ein erster Becher Wein gesegnet und getrunken. Als Vorspeise werden grüne Kräuter gesegnet und gereicht. Nach dem Auftragen des Passalammes wird der zweite Becher eingeschenkt. Dabei werden der Sinn des Mahls erklärt und der erste Teil des *Hallel* (Ps 113 und 114) gesungen. Zum Lamm gibt es ungesäuerte Brote und bittere Kräuter. Ein dritter Becher – der ›Segensbecher‹, mit dem das Tischdankgebet verbunden wird – und ein vierter Becher mit dem zweiten Teil des *Hallel* (Ps 115-118) schließen das Mahl ab.

14. oder 15. Nisan? Nach den Berichten der synoptischen Evangelien – Matthäus, Markus, Lukas – feiert Jesus »in der Nacht, da er verraten ward« (1 Kor 11,23) mit seinen Jüngern das Passamahl. Noch am Tage darauf, am 15. Nisan, wird er hingerichtet. Anders das Johannesevangelium: Da stirbt Jesus »am Rüsttag für das Passafest« (Joh 19,14), zu der Stunde, da man im Tempel die Passalämmer schlachtet, also am 14. Nisan. Das letzte Mahl, das Jesus mit seinen Jüngern hält, findet nach dieser Chronologie bereits am Abend des 13. Nisan statt; es wird von Johannes auch nicht als Passamahl geschildert (Joh 13,1ff).

Theologisch motivierte Chronologie Wichtig ist, daß beide Datierungen nicht primär chronologisch, sondern theologisch motiviert sind: Nach den Berichten der synoptischen Evangelien verbindet Jesus mit den überlieferten Mahlriten die Deutung seines Todes am Kreuz. Nach Johannes erscheint Jesus als das wahre Passalamm, »das der Welt Sünde trägt« (Joh 1,29). Die Chronologie dient also jeweils als Folie, um bestimmte theologische Sachverhalte zum Ausdruck zu bringen.

Todesjahr Eine genaue Festlegung des Todesjahres Jesu wird auch durch die Eigenart des israelitisch-jüdischen Kalenders erschwert: Der Monatsbeginn mußte jeweils durch Beobachtung des Mondlichtes festgestellt werden, die natürlich auch von meteorologischen Bedingungen abhängig war. Als 1. Nisan galt der Tag, an dem man nach dem letzten Neumond des Winters das ›Neulicht‹ wahrnehmen konnte. Über die Feststellung, daß Jesus frühestens im Jahre 27 und spätestens im Jahre 34 gekreuzigt wurde, führen darum die Berechnungen nicht hinaus. Setzt man – wie wir dies getan haben – den Beginn der öffentlichen Wirksamkeit Jesu etwa auf das Jahr 29 fest und geht man von einer ungefähr einjährigen Dauer dieser Wirksamkeit aus, so kommt man auf das Jahr 30 als das Todesjahr Jesu.

Ein anderer Kalender?

Die chronologische Divergenz zwischen den synoptischen Evangelien und Johannes versuchen manche Ausleger dadurch auszugleichen, daß sie annehmen, Jesus habe sich nicht an den offiziellen Jerusalemer Kalender, sondern an den Kalender der Gemeinschaft von Qumran gehalten, nach dem das Passamahl regelmäßig an einem Dienstagabend gefeiert worden sei. Die Ereignisse, die die Evangelien auf wenige Stunden zusammendrängen, hätten in Wahrheit den gesamten Zeitraum von Dienstagnacht bis Freitagabend umfaßt, und Jesus sei – wie Johannes richtig wiedergebe – am Passa-Rüsttag des offiziellen Kalenders, also am 14. Nisan, gestorben.

Gründe und Umstände des Todes

Wichtiger als das Problem der Datierung ist die Frage nach den Gründen und Umständen seines Todes in Jerusalem: Warum hat er sich überhaupt auf den Weg dorthin gemacht? Welche Vorwürfe führten zu seiner Verhaftung und Hinrichtung? Wer stand hinter dem Vorgehen gegen ihn? Gab es so etwas wie einen regulären Prozeß? Welche Instanzen waren daran beteiligt?

Quellen

Wer nach den historischen Hintergründen des Geschehens fragt, ist hauptsächlich auf das Markusevangelium angewiesen. Ihm hat vermutlich schon eine ältere Fassung des Passionsberichtes vorgelegen. Matthäus und Lukas verwerten im wesentlichen den Bericht des Markus. Der Verfasser des Johannesevangeliums, so vermuten manche Ausleger, habe nicht auf Markus selbst, sondern auf eine eigenständige Variante des vormarkinisch überlieferten Passionsberichtes zurückgegriffen. So lasse es sich erklären, daß sich bei ihm manche Einzelheiten finden, die für die Rekonstruktion des historischen Vorgangs von Gewicht sind.

Die Evangelien berichten, daß Jesus im vollen Bewußtsein seines bevorstehenden Todes nach Jerusalem geht. Sie legen

Christusbekenntnis, nicht Protokoll

ihm nicht nur Ankündigungen, sondern auch Deutungen seines Leidens und Sterbens in den Mund. Danach begreift er selber seinen Tod als ein für das Heil der Menschen notwendiges Ereignis. Ob und in welchem Umfang diese Worte dem historischen Jesus zugeschrieben werden können, ist freilich umstritten. Gerade die Lektüre des Markusevangeliums – als der ältesten zugänglichen Quelle – macht deutlich, in welchem Maß gerade die Passionsgeschichte bis in die Einzelheiten hinein vom Glauben der frühen Christengemeinde bestimmt und durchdrungen ist. Zug um Zug, so läßt sich erkennen, werden aus alttestamentlichen Motiven heraus Erzählungen gestaltet, in denen das Geschick Jesu als Erfüllung der Verheißungen des Alten Bundes erscheint. Wie die Evangelien insgesamt, so wollen auch die Überlieferungen vom Leiden und Sterben Jesu nicht historische Fakten protokollieren, sondern Jesus von Nazareth als den *Christus*, den *Gottessohn*, den *Herrn* bezeugen.

Heilsbedeutung des Todes Jesu

Insbesondere geht es den Evangelien darum, die Heilsbedeutung des Todes Jesu zu begründen und festzuhalten: Sein Tod am Kreuz war kein Scheitern, kein historischer Zufall, sondern heilsnotwendiges Ereignis im Plan Gottes mit dieser Welt. Ohne Zweifel hat die Katastrophe in Jerusalem auf die Anhängerschaft Jesu wie ein Schock gewirkt. Die Passionsüberlieferungen zeigen, wie die frühe Christengemeinde diesen Schock verarbeitet, indem sie im Hören auf das Alte Testament sich zur Sinnhaftigkeit des Leidens und Sterbens Jesu bekennt.

Historischer Ablauf

Angesichts dieser Quellenlage tun sich die Ausleger schwer, den historischen Ablauf der Ereignisse um den Tod Jesu zu rekonstruieren. Gewißheit scheint es nur über wenige Sachverhalte zu geben.

Passafest in Jerusalem

(1) Feststeht, daß Jesus mit seiner Jüngerschar, zu der auch einige Frauen gehört haben müssen, Galiläa verläßt, um das Passafest in Jerusalem zu begehen. Während Johannes von mehreren Aufenthalten Jesu in Jerusalem berichtet, wissen die synoptischen Evangelien nur von einer einzigen solchen Reise; dies hat eine gewisse historische Wahrscheinlichkeit für sich. Daß Jesus diese Reise unternimmt, um in Jerusalem eine Entscheidung herbeizuzwingen – bzw. weil er von der Erwartung ausgeht, während seines Aufenthaltes dort werde sich die von ihm verkündigte Gottesherrschaft endgültig of-

fenbaren –, scheint zweifelhaft. Als wahrscheinlich gilt manchen Auslegern freilich, daß Jesus ein Bewußtsein von seinem bevorstehenden Tod gehabt hat.

Hintergrund und Anlaß der Anklage

(2) Umstritten ist auch, ob Jesus durch sein konkretes Verhalten in Jerusalem – etwa eine Aktion im Tempel (Mk 11,15f) oder die Ankündigung seiner Zerstörung (Mk 13,1f) – Anlaß zur Anklage gegen ihn gegeben hat. Wahrscheinlicher ist, daß sein gesamtes Wirken – insbesondere sein unkonventioneller Umgang mit ›Zöllnern und Sündern‹ und die Verknüpfung der hereinbrechenden Gottesherrschaft mit seiner Person – den Hintergrund für das Vorgehen gegen ihn bildet. Jesus habe es, so sagt man, durch seine Verkündigung und seine Praxis verstanden, sich faktisch alle anderen religiösen und politischen Gruppierungen im Lande zu Gegnern zu machen. Diese feindselige Stimmung sei dann, so vermutet man, von interessierten Kreisen in Jerusalem zum Anlaß genommen worden, gegen ihn vorzugehen.

Prozeß durch die Römer

(3) Die Kreuzigung ist keine jüdische, sondern eine römische Hinrichtungsart. Das spricht dafür, daß Jesus von seiten der römischen Besatzungsmacht der Prozeß gemacht worden ist, die damit sowohl für die Verurteilung wie für die Hinrichtung verantwortlich zeichnet. Daß dabei Pontius Pilatus eine wichtige Rolle spielte, ist wahrscheinlich; Kapitalprozesse fanden in der Regel vor dem römischen Präfekten statt. Das schließt natürlich nicht aus, daß die Anklage gegen Jesus von einheimischen Kreisen – etwa durch den Jerusalemer Priesteradel – aus den oben genannten Gründen lanciert worden ist.

Politische Anklagen

(4) Wurde aber der Prozeß letztlich von den Römern geführt und entschieden, müssen schwerwiegende politische Vorwürfe gegen Jesus im Spiel gewesen sein. Nach allem, was wir wissen, haben sich die Römer in innerjüdische religiöse Angelegenheiten nicht eingemischt. Wurde die Anklage, wie manche annehmen, von einheimischen Kreisen lanciert, so müssen diese ihr auch, um ihr zur Wirksamkeit zu verhelfen, eine entsprechende politische Wendung gegeben haben. Was man Jesus anlastete, läßt sich präzise jedoch nicht mehr erkennen. Man darf vermuten, daß dabei Anstiftung zum Aufruhr gegen Rom im Spiel gewesen sein dürfte. Umstritten ist, ob die Inschrift über dem Kreuz – »Der König der Juden« (Mk 15,26) – legendarisch ist oder einen historischen Anhalt hat.

Verfahren vor dem Hohen Rat? (5) Die Quellen berichten von einem förmlichen Verfahren vor dem Jerusalemer Synedrion, dem ›Hohen Rat‹. Ob dies den historischen Fakten entspricht, ist sehr umstritten. Das gilt auch für die Frage, ob der Messiasanspruch, den man Jesus zur Last legt, nach damaligem jüdischem Recht überhaupt als strafwürdig galt. Im Mittelpunkt des Verhörs vor dem Hohen Rat (Mk 14,53-65) steht nach den Evangelien das Bekenntnis Jesu zu seiner eigenen Sendung (Mk 14,62). Es ist deutlich, daß sich hierin keine historische Erinnerung, sondern das Christusbekenntnis der frühen Christengemeinde ausspricht.

Rolle des Pilatus (6) Die Evangelien zeigen die deutliche Tendenz, Pontius Pilatus zu entlasten, um so den einheimischen Gegnern die eigentliche Verantwortung für den Tod Jesu anzulasten. Dies widerspricht jedoch dem, was wir aus anderen zeitgenössischen Quellen über Pilatus erfahren; danach gilt er als ein besonders grausamer Mann. Es ist kaum anzunehmen, daß er mit einem potentiellen Aufrührer gegen Rom besonders glimpflich verfahren ist. Von dem Brauch, zum Passafest einen bereits Verurteilten zu amnestieren (Mk 15,6), erfahren wir sonst nichts.

Verrat, Flucht, Verleugnung (7) Daß ein Anhänger Jesu mit dem Namen Judas an der Verhaftung seines Meisters beteiligt war, mag auf historischen Fakten beruhen. Über seine Motive erfahren wir jedoch nichts Gesichertes. Es ist nicht ausgeschlossen, daß auch die Berichte über die Flucht der Jünger und über die ›Verleugnung‹ Jesu durch Petrus (Mk 14,26-31.66-72) auf tatsächliche Vorkommnisse zurückgehen. Auch hinter manchen Namen, die in der Passionsgeschichte auftauchen – Simon aus Kyrene, der Jesus das Kreuz trägt, Joseph von Arimathäa, der seinen Leichnam bestatten läßt –, mögen historische Reminiszenzen stehen. Das gilt auch für den Ort der Kreuzigung, die auf einem Hügel nahe Jerusalem vollzogen wurde, der wegen seiner eigenartigen Form den Namen *Golgatha* (›Schädelstätte‹) trug.

Schuldzuweisung an ›die Juden‹ Verhängnisvoll hat sich die in der Überlieferung erkennbare Tendenz ausgewirkt, pauschal ›den Juden‹ die Schuld am Tode Jesu zuzuweisen. Aus der Situation der frühen Christenheit, die ihren eigenen Anspruch theologisch gegenüber ihrer religiösen Umwelt zu begründen hatte, mag dies erklärbar sein. Im Blick auf die geschichtlichen Folgen jedoch muß man diesen Vorgang entschieden bedauern.

Als Lösegeld für viele

Der Kreuzestod als Heilsereignis

Was menschlich als Niederlage erscheinen mußte – der schimpfliche Tod am Kreuz –, wird im Bekenntnis der frühen Christengemeinden, zusammen mit der Erfahrung der Auferstehung Jesu, zum zentralen Heilsereignis, das die letztgültige, endzeitliche Rettung begründet und bewirkt. Ein frühes Beispiel eines solchen Gemeindebekenntnisses, das die Heilsbedeutung des Todes Jesu reflektiert, überliefert Paulus (1 Kor 15,3-5). Da er betont, es selber »empfangen« zu haben, meldet sich darin der Glaube der vorpaulinischen Gemeinden zu Wort:

Gestorben für unsere Sünden

Denn als erstes habe ich euch weitergegeben,
was ich auch empfangen habe:
Daß Christus gestorben ist für unsre Sünden
nach der Schrift;
und daß er begraben worden ist;
und daß er auferstanden ist am dritten Tage
nach der Schrift;
und daß er gesehen worden ist von Kephas,
danach von den Zwölfen.

Nach der Schrift

Wichtig ist der doppelte Hinweis auf die ›Schrift‹. Darin kommt zum Ausdruck, daß die Einsicht in die Heilsbedeutung von Tod und Auferstehung Jesu nicht fromme Erfindung der ersten Christen ist, sondern aus dem Umgang mit dem überlieferten Gotteswort erwächst: Nicht die Christengemeinde, so will man damit sagen, sondern die Schriften des alten Bundes selber schreiben dem Tod und der Auferstehung Jesu eine rettende Bedeutung zu.

Abschiedsmahl

Hat Jesus selber, wenn er denn mit der Möglichkeit, ja, Wahrscheinlichkeit seines vorzeitigen Endes rechnete, seinem Tod eine besondere Bedeutung zugeschrieben? Die Antworten der Ausleger auf diese Frage gehen sehr auseinander. Folgt man der Meinung, daß es sich bei der Aussage Mk 14,25 um ein im Kern authentisches Jesuswort handelt, so wird man folgendes festhalten können: Jesus hat – in der Vorahnung seines Todes – im Rahmen eines Mahles von seinen Jüngern Abschied genommen. Über das Faktum eines solchen ›Abschiedsmahles‹ – das vermutlich, entgegen den Berichten der synoptischen Evangelien, kein Passamahl war – herrscht unter den Auslegern ein weitgehender Konsens. Es liegt nahe, anzunehmen, Jesus habe aus Anlaß dieses Mahles sein eigenes Geschick den Jüngern gegenüber gedeutet. In welcher Weise die von den Synoptikern (Mt 26,26-29; Mk 14,22-25; Lk 22,14-20) und Paulus (1 Kor 11,23-26) überlieferten Berichte diese Deutung spiegeln – oder ob sie ausschließlich die spätere Interpretation der Gemeinde wiedergeben –, kann nur am Detail erörtert und entschieden werden. Es scheint freilich so, daß Jesus selber eine Verbindung herstellt zwischen diesem ›Abschiedsmahl‹ und dem künftigen Festmahl in der vollendeten Gottesherrschaft, an dem er – der Ahnung, vielleicht der Gewißheit seines nahe bevorstehenden Todes zum Trotz – teilzunehmen hofft.

Gewißheit der Gottesherrschaft

Das würde bedeuten, daß Jesus seinen Tod nicht als eine Art Scheitern der Gottesherrschaft, sondern als – vielleicht notwendigen – Schritt auf dem Wege zu ihrer endgültigen Durchsetzung begreift. Jedenfalls wird seine Gewißheit, daß das Kommen der Gottesherrschaft ein unaufhaltsames, unumkehrbares Ereignis ist, durch die Todesdrohung nicht beeinträchtigt. Nicht beeinträchtigt wird auch seine Überzeugung, unauflöslich – auch über den Tod hinaus – in dieses Ereignis verwoben zu sein.

Elemente der Lehrbildung

Eine einheitliche, in sich stimmige ›Lehre‹ von der Heilsbedeutung des Todes Jesu findet sich im Neuen Testament noch nicht. Doch lassen sich einzelne Elemente erkennen, die die spätere Lehrbildung beeinflussen.

Das göttliche ›Muß‹

(1) Am Anfang steht wohl die Überzeugung, daß Leiden und Tod Jesu nicht als historisches Mißgeschick, das sein Wirken durchkreuzt, begriffen werden dürfen, sondern daß sich in ihnen der Heilsplan Gottes mit der Welt und den Menschen erfüllt:

Seit der Zeit fing Jesus an, seinen Jüngern zu zeigen,
wie er nach Jerusalem gehen und viel leiden müsse
von den Ältesten und Hohenpriestern und Schriftgelehrten
und getötet werden und am dritten Tage auferstehen. (Mt 16,21)

Der ›leidende Gottesknecht‹

Das ›Muß‹, von dem hier die Rede ist (griechisch *dei* = man muß, es ist notwendig), ist Umschreibung einer göttlichen Bestimmung. Indem Jesus – in der Gewißheit seines Todes – nach Jerusalem geht, erfüllt er den Plan, den Gott mit ihm hat. Wie wir gesehen haben, spielen bei solcher Deutung die Lieder vom ›leidenden Gottesknecht‹, wie sie Deuterojesaja aufgezeichnet hat (Jes 42,1-4; 49,1-6; 50,4-9; 52,13 bis 53,12), eine wichtige Rolle. Sie ermöglichen es der Christengemeinde, die geschichtliche Erfahrung von Leiden, Kreuz und Tod Christi in ihr Bekenntnis zu Jesus, dem von Gott gesandten Messias, zu integrieren. Das göttliche ›Muß‹ erscheint im übrigen auch dort, wo Lukas (24,25f) dem auferstandenen Jesus selber solche Deutung in den Mund legt: »Mußte nicht Christus dies erleiden ...?«

Der ›leidende Gerechte‹

Manche vermuten, Anknüpfungspunkt für die frühchristliche Deutung des Leidens und Sterbens Jesu könne auch die Vorstellung vom ›leidenden Gerechten‹ sein, der wegen seiner Treue zum Gesetz verfolgt, von Gott aber schließlich gerechtfertigt und erhöht wird; eine Vorstellung, die sich zum Beispiel aus dem für die Passionsgeschichte so wichtigen Psalm 22 – Überschrift in der Lutherbibel: »Leiden und Herrlichkeit des Gerechten« – herauslesen läßt.

Stellvertretende Bedeutung des Todes Jesu

(2) Das göttliche ›Muß‹ erfährt seine inhaltliche Interpretation dort, wo dem Leiden und Sterben Jesu eine stellvertretende Bedeutung zugeschrieben wird. Solche Stellvertretung ist gemeint, wenn das von Paulus überlieferte frühchristliche Bekenntnis davon spricht, Jesus sei »für unsere Sünden« gestorben. Dazu stimmen die Deuteworte, die Jesus der Überlieferung nach beim letzten Mahl mit seinen Jüngern über Brot und Becher spricht: »Das ist mein Leib, der für euch (griechisch *hyper hymon*) gegeben wird« (1 Kor 11,24). Und: »Das ist mein Blut des Bundes, das für viele (griechisch *hyper pollon*; deshalb spricht man auch von der ›Hyper-Formel‹) vergossen wird« (Mk 14,24). Eine nähere Bestimmung erfährt das »für viele« in Mk 10,45:

Denn auch der Menschensohn ist nicht gekommen,
daß er sich dienen lasse, sondern daß er diene
und sein Leben gebe als Lösegeld für viele.

Sühnewirkung

Das heißt: Dem Tod Jesu kommt eine sühnende Wirkung zu. Stellvertretend für »die vielen« nimmt er deren Verschuldungen auf sich und befreit sie so von der Macht der Sünde und ihren unheilvollen Konsequenzen.

Daß Sünde der Sühne bedarf, ist eine allgemein menschliche, in den meisten bekannten Kulturen und Religionen ver-

Sünde und Sühne im religiös-kulturellen Kontext

breitete Vorstellung. Jeder Verstoß gegen grundlegende religiös-kulturelle Werte und Normen bedroht das überaus empfindliche Beziehungsgefüge, auf dem das (Über-)Leben menschlicher Gesellschaften beruht, und führt damit unmittelbar Unheil herauf. Der Abwehr solchen lebensbedrohenden Unheils dienen Vorstellungen und Praktiken, die auf eine ›Sühnung‹ des Verstoßes und damit auf eine Wiederherstellung des ursprünglichen, unverletzten Zustandes zielen. Da in der Regel die grundlegenden kulturellen Normen auf die Willenserklärung einer Gottheit zurückgeführt werden, ist diese naturgemäß der Adressat des ›sühnenden‹ Handelns. Wo göttlicher Wille verletzt wurde, muß die Gottheit versöhnt werden, um der Bestrafung durch sie zu entgehen.

Geschichtlich-personale Stellvertretung

(3) Die Überlieferung von der stellvertretenden, sühnenden Bedeutung des Todes Jesu steht freilich nur mittelbar in einem Zusammenhang mit den geschilderten religiös-kulturellen Vorstellungen. Ganz unmittelbar ist sie auf die Worte vom stellvertretenden Leiden des Gottesknechtes bezogen, wie Deuterojesaja sie aufgezeichnet hat: »Die Strafe liegt auf ihm, auf daß wir Frieden hätten ...« (Jes 53,5). Damit übernimmt diese Überlieferung von der stellvertretenden Bedeutung des Todes Jesu zugleich den streng geschichtlichen, personalen Deutungsrahmen, den die Vorstellung vom ›leidenden Gottesknecht‹ vorgibt: Ein einzelner, von Gott dazu berufen und gesandt, erleidet stellvertretend die Folgen des schuldhaften Scheiterns des Volkes an seinem Leibe. Damit ermöglicht er den ›vielen‹ einen neuen Anfang, einen Neubeginn ihrer Geschichte mit Gott.

Opferkultterminologie

(4) Der Gedanke, daß der Tod Jesu eine stellvertretende Bedeutung besitzt, wird im Neuen Testament mit Hilfe unterschiedlicher Vorstellungen, Bilder und Begrifflichkeiten entfaltet. Die religiöse Umwelt legte es in besonderer Weise nahe, hierfür auf die Terminologie des Opferkultes zurückzugreifen. Damit konnte man sich sowohl jüdischen wie nichtjüdischen Adressaten verständlich machen; gehörte doch das kultische Opfer zum selbstverständlichen Repertoire antiker Religionen und Kulturen.

Vielfalt von Opferarten

Formen, Funktionen und Adressaten des kultischen Opfers in der Antike sind freilich höchst vielfältiger Art. Das Opfer, das zur Sühnung von Vergehen, zur Versöhnung der Gottheit dargebracht wird, bildet nur einen Ausschnitt aus einem sehr viel umfassenderen Feld. Das gilt auch für die Sünd-, Schuld- und Reinigungsopfer, von denen im Alten Testament die Rede ist.

Liturgie des Versöhnungstages

Ein eindrückliches, vielfach zitiertes Beispiel liefert die Liturgie des Versöhnungstages (*Jom Kippur*) am 10. Tag des Herbstmonates Tischri, wie sie in Lev 16 beschrieben wird: Ein ›Sündenbock‹ wird in die Wüste geschickt, nachdem ihm der Hohepriester real-symbolisch durch Handauflegung die Sünden des Volkes übertragen hat. Damit verbunden sind Sühne- und Reinigungsriten, bei denen der Altar im Allerheiligsten des Tempels mit dem Blut geopferter Tiere besprengt wird. Paulus scheint auf diese Riten Bezug zu nehmen, wenn er – mit Blick auf Christus – schreibt:

Den hat Gott für den Glauben hingestellt
als Sühne in seinem Blut zum Erweis seiner Gerechtigkeit,
indem er die Sünden vergibt ... (Röm 3,25)

Denn er hat den, der von keiner Sünde wußte,
für uns zur Sünde gemacht,
damit wir in ihm die Gerechtigkeit würden,
die vor Gott gilt. (2 Kor 5,21)

Gott als Versöhner

Für das Verständnis der alttestamentlichen Riten ist es wichtig, daß Versöhnung – als Aufhebung der Schuld und ihrer Folgen – stets von Gott ausgeht und keineswegs durch kultisches Handeln erzwungen werden kann. Auch ist solche Versöhnung im Alten Testament wie im Judentum eng an den Gedanken der ›Umkehr‹ – der Hinwendung zu Gott und seinem Recht – gebunden.

Opferkult und Lebensopfer Jesu

Opferterminologie liegt im Neuen Testament vor allem dort vor, wo im Zusammenhang mit dem Leben und Sterben Jesu vom ›Lamm‹ und vom ›Blut‹ die Rede ist. Dabei ist die christliche Gemeinde wohl von Beginn an der Überzeugung, daß alle kultischen Opfer durch das Lebensopfer Jesu am Kreuz erfüllt und abgelöst sind. Dies kommt in besonderer Weise im Hebräerbrief zum Ausdruck, der ebenfalls auf das Sühneritual des Versöhnungstages Bezug nimmt, um das Wirken Jesu zu deuten. »Ein für allemal« hat er durch sein Lebensopfer Heil und Versöhnung erworben:

Er ist auch nicht durch das Blut von Böcken oder Kälbern, sondern durch sein eigenes Blut ein für allemal in das Heiligtum eingegangen und hat eine ewige Erlösung erworben. (Hebr 9,12)

Denn mit *einem* Opfer hat er für immer die vollendet, die geheiligt werden. (Hebr 10,14)

Bilder aus dem Straf-, Schuld- und Besitzrecht

(5) Neben der Terminologie des Opferkults finden auch die Begrifflichkeiten des Strafrechts, des Schuldrechts und des Besitzrechts Verwendung, um die Vorstellung von der stellvertretenden Bedeutung des Todes Jesu und damit die ›Hyper-Formel‹ zu entfalten. Dabei geht es zum Beispiel um die Möglichkeit, daß ein Schuldloser die Strafe eines rechtskräftig Verurteilten übernimmt. Das Gesetz, so will Paulus sagen, verurteilt uns zum Tode; indem Jesus am Kreuz stirbt, übernimmt er unsere Strafe:

Christus aber hat uns erlöst vom Fluch des Gesetzes,
da er zum Fluch wurde für uns. (Gal 3,13)

Im Kolosserbrief ist von einem ›Schuldbrief‹ die Rede, den Jesus durch seinen Kreuzestod getilgt hat. Auch hier wird also in rechtlichen Kategorien gedacht:

Er hat den Schuldbrief getilgt,
der mit seinen Forderungen gegen uns war,
und hat ihn weggetan und ans Kreuz geheftet. (Kol 2,14)

Schließlich spielt auch das Besitzrecht eine Rolle, wenn die durch Christus bewirkte Erlösung im Bilde des ›Loskaufs‹ beschrieben wird, durch den Sklaven die Freiheit erlangen:

Denn ihr seid teuer erkauft;
darum preist Gott mit eurem Leibe. (1 Kor 6,20; vgl. 7,23)

Gott selber versöhnt

(6) All diese Versuche, die stellvertretende Bedeutung des Todes Jesu zu umschreiben, werden aufgenommen und überboten durch den Gedanken, daß Gott selber im Leben und Sterben Jesu am Werke ist, um die Menschen mit sich zu versöhnen. Hier bekommt der Vorgang eine neue Richtung: Nicht Gott ist der Adressat des versöhnenden Handelns, sondern der Mensch, der sich in seiner Gottfeindschaft verstrickt und gefangen hat. Das entspricht im übrigen auch der Weise, wie sich in der Verkündigung und im Wirken Jesu selbst die ›Heimholung‹ der Verlorenen in die Gottesherrschaft vollzieht. Das Kreuz Jesu ist – in der Linie dieses Denkens – dann gleichsam die einseitige Friedenserklärung Gottes, durch die er denen, die »Feinde waren« (Röm 5,10), einen »Zugang« (Röm 5,2) zu einem Leben in Gemeinschaft mit ihm eröffnet.

Denn Gott war in Christus
und versöhnte die Welt mit sich selber
und rechnete ihnen ihre Sünden nicht zu
und hat unter uns aufgerichtet
das Wort von der Versöhnung. (2 Kor 5,19)

Auferstanden am dritten Tage

›Auferstehung‹ als biographische Kategorie?

Auferstanden am dritten Tage: Mit diesem Satz nähern wir uns einem ebenso zentralen wie schwierigen Thema des christlichen Bekenntnisses. Läßt sich von der ›Auferstehung Jesu‹ überhaupt in lebensgeschichtlichen – und damit historischen – Kategorien reden? Wird hier nicht der Bereich der Geschichte, des Geschichtlichen, endgültig verlassen, und der Bereich des Glaubens, der glaubenden Deutung, der Glaubenslehre erreicht? Liegt somit nicht ein qualitativer Bruch zwischen dem ›gestorben‹ und dem ›auferstanden‹ des frühchristlichen Bekenntnisses? Gehören beide Aussagen nicht ganz unterschiedlichen Sprach- und Erfahrungsebenen an?

Glaube und Geschichte

Die Frage wird von den christlichen Theologen durchaus kontrovers erörtert; steht damit doch das Verhältnis von ›Glaube‹ und ›Geschichte‹ überhaupt auf dem Spiel. In welcher Weise können historische Fakten Voraussetzung und Gegenstand des Glaubens sein? Wird er damit nicht zu einem bloßen ›Fürwahrhalten‹ entwertet und verkehrt? Wie kann sich die Haltung vorbehaltlosen Vertrauens Gott gegenüber, als die Glaube doch bestimmt werden muß, auf zufällige, als solche stets mehrdeutige historische Fakten gründen?

Ausdruck der Bedeutsamkeit des Kreuzes?

So weigern sich denn auch manche Theologen, im frühchristlichen Bekenntnis zur ›Auferweckung Jesu‹ mehr zu sehen als einen Akt glaubender Deutung. Für sie ist dieses Bekenntnis nichts anderes »als der Ausdruck der Bedeutsamkeit des Kreuzes« (Rudolf Bultmann). Das soll heißen: Die Gewißheit der ersten Christen, daß der Tod Jesu am Kreuz ein sinnvolles, notwendiges, heilsbedeutsames Ereignis im Plan Gottes mit der Menschheit gewesen sei, brauchte eine aussagefähige Gestalt. Und sie fand diese Gestalt in der ›mythischen‹ (so Bultmann) Rede von der ›Auferweckung Jesu von den Toten‹. In diesem Zusammenhang spricht man davon, Jesus sei gleichsam in das

›Kerygma‹ (griechisch *kerygma* = Verkündigung, Predigt) auferstanden. Auch das ist natürlich bildliche Rede, die zum Ausdruck bringen soll, daß er in seinem ›Wort‹ wirksam gegenwärtig ist, überall da, wo diese Verkündigung laut wird.

Befragung der Quellen

Werden die Quellen wirklich sorgfältig und kritisch befragt, schälen sich freilich einige Feststellungen heraus, die auch in historischer Hinsicht nicht ganz ohne Belang sind:

(1) Jesus ist nach seinem Tode von einer ganzen Anzahl seiner Jünger ›gesehen‹ worden – was immer das heißen mag.

(2) Die Jünger müssen – innere oder äußere – Erfahrungen gemacht haben, die sie die Katastrophe Jesu in Jerusalem in einem neuen Licht sehen ließen und sie dazu veranlaßten, beisammenzubleiben und in seinem ›Namen‹ zu wirken.

(3) Die Überlieferung, das Grab Jesu sei ›leer‹ vorgefunden worden, kann auch unter historischen Gesichtspunkten eine gewisse Glaubwürdigkeit für sich beanspruchen.

Mehrdeutigkeit der Fakten

Dabei ist deutlich: Diese Feststellungen liefern keinerlei ›Beweise‹ für die Auferstehung Jesu. Sie sind durchaus mehrdeutig, lassen unterschiedliche Interpretationen zu. Christlicher Auferstehungsglaube kann sich gewiß nicht auf diese Feststellungen gründen. Aber er kann sie als Hinweise darauf lesen, daß seinem Selbstverständnis, seiner Sicht Gottes und der Welt, geschichtliche Erfahrungen entsprechen, die für eine Deutung aus dem Glauben heraus offen sind.

Neutestamentliche Zeugnisse

Auf die neutestamentlichen Zeugnisse für die Auferweckung Jesu kann hier nur summarisch und in Auswahl eingegangen werden:

›Exodusformel‹

(1) Die ältesten Bekenntnisse zur Auferweckung Jesu, so kann man vermuten, haben die Gestalt von Gottesprädikationen. Das heißt, sie sagen etwas über das Handeln Gottes aus, erweitern sozusagen den ›Namen‹ Gottes und legen ihn aus:

... wir glauben an den, der unsern Herrn Jesus auferweckt hat von den Toten (Röm 4,24).

... durch Jesus Christus und Gott, den Vater, der ihn auferweckt hat von den Toten (Gal 1,1).

Den hat Gott auferweckt von den Toten (Apg 3,15).

Diese Formeln stehen, was ihre Struktur betrifft, in einer gewissen Nähe zur ›Exodusformel‹, mit der das Volk des alten Bundes sich zu dem Gott bekennt, »der Israel aus Ägypten geführt hat« (Dtn 8,14; Jer 16,14 u. ö.). Trifft diese Beobachtung zu, so heißt das: Die Auferweckung Jesu von den Toten gewinnt für die ersten Christen jene grundlegende Bedeutung, die in der bisherigen Gottesgeschichte dem Auszugsgeschehen zukam. Sie ist kein bloßer ›Zusatz‹ zum Leiden und Sterben Jesu, sondern Ziel und Zentrum göttlichen Handelns, von dem her alles andere überhaupt erst Sinn und Bedeutung erhält.

Zeugnis des Paulus

(2) Das älteste uns erreichbare Auferstehungs*zeugnis* wird von Paulus überliefert – im Zusammenhang jenes frühchristlichen Bekenntnisses, von dem oben schon die Rede war. Dort heißt es im Blick auf die Auferstehung Jesu:

... und daß er gesehen worden ist von Kephas,
danach von den Zwölfen.
Danach ist er gesehen worden
von mehr als fünfhundert Brüdern auf einmal,
von denen die meisten heute noch leben,
einige aber sind entschlafen.
Danach ist er gesehen worden von Jakobus,
danach von allen Aposteln.
Zuletzt ist er auch von mir
als einer unzeitigen Geburt gesehen worden ...
(1 Kor 15,5-8)

Erscheinungen vor Petrus und den ›Zwölfen‹

Daran ist bemerkenswert:

(a) Nach Meinung vieler Ausleger endet das überlieferte Bekenntnis – oder, wie manche sagen, das ›Urkerygma‹ – mit der in Vers 5 genannten Erscheinung vor den ›Zwölfen‹; Paulus habe dem weitere Zeugenlisten angefügt. Wichtig ist die Formulierung »gesehen worden« (griechisch *ofte*; unsere ›Optik‹ ist mit dieser Passivform des Verbs *sehen* verwandt). Sie wird allgemein im Sinne von ›er ließ sich sehen‹, ›er erschien‹ übersetzt, wodurch der Auferstandene selber als das eigentliche Subjekt des Vorgangs kenntlich wird. Ein Hinweis darauf, daß Petrus – der hier mit seinem aramäischen Namen *Kephas* genannt wird – der erste Empfänger einer solchen Erscheinung des Auferstandenen ist, findet sich auch Lk 24,34; freilich wird das Ereignis selbst dort nicht erzählt.

Strittig ist, ob es sich bei den ›Zwölfen‹ um einen Kreis handelt, den Jesus schon bei Lebzeiten berufen hat, oder ob er erst von Petrus aufgrund der ihm zuteilgewordenen Erscheinung begründet wird, um die zwölf Stämme Israels und damit das endzeitliche Gottesvolk zu repräsentieren. Eine Erscheinung vor den ›Zwölfen‹ bzw. ›Elfen‹ (Judas fehlt ja!) wird auch Mt 28,26ff, Lk 24,33ff und Joh 20,29ff vorausgesetzt.

Augenzeugen leben noch

(b) Paulus nennt Augenzeugen für die Erscheinungen des Auferstandenen, die noch am Leben sind und die man befragen kann – ein sehr eindrücklicher Beleg für die Historizität der Vorgänge, wie immer man sie deuten mag. Die Zahlen sind beachtlich; freilich wird eine solche Massenerscheinung sonst nirgends erwähnt (manche denken dabei an die Pfingstereignisse in Jerusalem als Hintergrund). Jedenfalls ist bis hierher eine klare Linie zu erkennen, an der sich so etwas wie die Entstehungsgeschichte der frühen Christengemeinde ablesen läßt: Petrus – die Zwölf – fünfhundert Brüder. Den Erscheinungen des Auferstandenen kommt somit eine gemeindebegründende Bedeutung zu.

Erscheinungen vor Jakobus und ›allen Aposteln‹

(c) Kein Hinweis in den Evangelien findet sich auf die Erscheinung des Auferstandenen vor Jakobus, dem Bruder Jesu, der später ein bedeutsame Rolle in der Gemeinde spielt (vgl. Gal 1,19). Manche nehmen an, die Erscheinung vor Jakobus sei der Anlaß zu dessen Bekehrung gewesen. Damit stände sie in einer gewissen Entsprechung zu dem Christuserlebnis des Paulus vor Damaskus, das ja ebenfalls mit dessen Bekehrung und Berufung zum Apostel verbunden war.

Berufungen in das Apostelamt

Sehr gut stimmt dazu die Annahme, daß die Rede von »allen Aposteln« in Vers 7 keine Gruppenerscheinung meint, sondern Einzelerlebnisse im Blick hat, die jeweils mit der Berufung in den Apostedienst verbunden waren: Zum Apostel wird einer dadurch berufen, daß ihm der auferstandene Herr erscheint. Die gemeindebegründende Bedeutung der Erscheinungen des Auferstandenen würde dadurch nachdrücklich unterstrichen.

Erscheinung vor Paulus

(d) Daß sich Paulus nun selber – »zuletzt von allen«, wie er sagt – unter diejenigen einreiht, denen der Auferstandene erschienen ist, kann nach all dem kaum noch verwundern. Sein Erlebnis – von dem er auch 1 Kor 9,1 und Gal 1,15f spricht – sieht er auf der gleichen Ebene wie die zuvor aufgezählten Ereignisse. Man könnte geneigt sein, die Berichte über sein ›Damaskuserlebnis‹ (Apg 9,1-19; 22,3-16; 26,9-18) heranzuziehen, um daraus Rückschlüsse auf den Charakter der Christuserscheinungen insgesamt zu ziehen. Doch blieben solche Vermutungen Spekulationen, da sich Paulus selber dazu ausschweigt. Gewisse Hinweise geben allenfalls seine Ausführungen 1 Kor 15,35ff, wo Paulus von dem neuen, geistlichen ›Leib‹ spricht, der in der Auferstehung geschenkt wird. Das könnte erkennen lassen, daß er seine Christusbegegnung durchaus als ein ›leibliches‹ Geschehen erlebt hat, und nicht als einen ekstatischen Vorgang, mit dem er im übrigen auch Erfahrungen hat (vgl. 2 Kor 12,1-4).

Das leere Grab

(3) Die synoptischen Evangelien berichten übereinstimmend von Frauen aus der galiläischen Anhängerschaft Jesu, die in der Osternacht bzw. am Ostermorgen zum Grab Jesu kommen und es geöffnet und leer vorfinden; bei Matthäus werden sie sogar Zeuginnen, wie es geöffnet wird. Auch hinsichtlich der Namen der Frauen gibt es Berührungspunkte, ohne daß die Angaben ganz miteinander ausgeglichen werden könnten. Unstrittig ist die Rolle der Maria aus Magdala, die sogar von Johannes gewürdigt wird.

Eine Glaubensgeschichte?

Übereinstimmend wird ebenfalls von Engelerscheinungen berichtet. Doch führt das Erlebnis am Grab keineswegs unmittelbar zum Glauben an die Auferstehung Jesu: Bei Markus fliehen die Frauen mit »Zittern und Entsetzen« vom Grab und schweigen über das, was sie erlebt haben. Bei Lukas erscheint den Jüngern der Bericht der Frauen als »Geschwätz«. Und bei Matthäus bedarf es zusätzlich noch einer Erscheinung des Auferstandenen selbst, um die Engelrede zu beglaubigen und den Gang der Ereignisse zu befördern. So fällt die Annahme schwer, die Erzählungen vom ›leeren Grab‹ seien von Anfang an als Glaubensgeschichten entworfen worden, um die Botschaft von der Auferstehung Jesu zu begründen und kundzutun, unbeschadet dessen, daß sie jetzt – vor allem durch die Engelszenen – zweifellos einen solchen Charakter besitzen. Zu denken gibt auch die Feststellung, daß damals Frauen als Zeuginnen nichts oder wenig galten. Hätte man eine fromme, glaubensstärkende Legende vom ›leeren Grab‹ erfinden wollen, hätte man gewiß zuverlässigere Zeugen für das Geschehen aufgeboten – wie das Johannes in gewisser Weise dann auch tut: Hier findet zwar Maria aus Magdala als erste das leere Grab, doch wird es zunächst von Petrus und »dem anderen Jünger, den Jesus lieb hatte« (Joh 20,2) betreten. Gegen eine Deutung als naive Glaubenslegende spricht auch der von Lukas (24,12) berichtete Vorgang, daß Petrus zum Grab läuft, um die Angaben der Frauen zu überprüfen – und sich nur wundert über das, was er da sieht.

Der gestohlene Leichnam

Schon früh muß es unter den Gegnern der Christen Vermutungen gegeben haben, die Jünger selbst hätten den Leichnam Jesu aus dem Grab entfernt (Mt 28,13-15; vgl. auch Joh 20,15, wo Maria aus Magdala den Gärtner dieser Tat verdächtigt). Die Berichte über die Sorgfalt, mit der Jesus unter Zeugen zu Grabe gebracht (Mk 15,42-47; Lk 24,50-56; Mt 27,57-61) und sogar noch im Grabe bewacht wird (Mt 27,62-66), mögen durchaus im Dienste der Apologetik gegen solche Gerüchte stehen. Aber auch dies spricht eher dafür, der – durchaus mehrdeutigen – Überlieferung vom ›leeren Grab‹ einen historischen Kern zuzuerkennen; hätte man andernfalls nicht die Geschichten vom Gang der Frauen zum Grab um vieles apologetischer entwerfen und ausgestalten müssen?

Entrückung direkt in den Himmel?

Manche Ausleger sehen in den Erzählungen vom ›leeren Grab‹ den Niederschlag einer sehr frühen Überlieferung, die noch nichts von den irdisch-leibhaft vorgestellten Erscheinungen des Auferstandenen weiß und nach der Jesus unmittelbar aus dem Grabe in den Himmel entrückt worden ist.

Der Ort der Erscheinungen

(4) Wo haben die Erscheinungen, von denen 1 Kor 15,3-8 die Rede ist, stattgefunden? Da die gemeindebegründende Bedeutung dieser Begegnungen mit dem Auferstandenen offenkundig ist, lautet die Frage zugleich: Wo sind die ersten christlichen Gemeinden entstanden? In den Evangelien liegen unterschiedliche Überlieferungen hierzu vor.

Galiläa

(a) Bei Markus und Matthäus werden die Jünger durch die Botschaft des Engels am Grab nach Galiläa gewiesen:

Geht aber hin und sagt seinen Jüngern und Petrus,
daß er vor euch hingehen wird nach Galiläa;
dort werdet ihr ihn sehen, wie er euch gesagt hat. (Mk 16,7)

Abgesehen von der schon erwähnten Begegnung mit den Frauen am Grab (Mt 28,9f), weiß dann Matthäus auch nur von einer Erscheinung des Auferstandenen »auf dem Berg« in Galiläa zu berichten:

Aber die elf Jünger gingen nach Galiläa auf den Berg,
wohin Jesus sie beschieden hatte. (Mt 28,16)

Jerusalem

(b) Lukas dagegen lokalisiert alle Erscheinungen des Auferstandenen – vor den Emmausjüngern (24,13-32), vor Petrus

(24,34), vor den ›Elfen‹ (24,36ff, auch Apg 1,1-11) – in Jerusalem und Umgebung. Die Weisung, nach Galiläa zu gehen, wird bei ihm seltsam umgebogen (24,6).
(c) Johannes weiß von Erscheinungen in Jerusalem – vor Maria aus Magdala (20,11-18), vor den Jüngern (20,19-29). Das Nachtragskapitel Joh 21 berichtet dagegen über Erscheinungen in Galiläa, am See Tiberias.

Flucht und Rückkehr?

Wie sind diese unterschiedlichen Überlieferungen zu deuten? Sind die Jünger womöglich nach der Verhaftung und Hinrichtung Jesu zunächst nach Galiläa geflohen? Kamen sie dort – aufgrund von Erscheinungen Jesu – zur Überzeugung, der Gekreuzigte sei auferstanden? Kehrten sie danach wieder nach Jerusalem zurück? Oder – eine zweite Möglichkeit – gab es von Anfang an zwei Erscheinungsorte und demzufolge auch zwei ›Urgemeinden‹, eine in Galiläa und eine in Jerusalem, die über unterschiedliche Überlieferungen verfügten? Spiegelt sich in den Berichten womöglich eine sehr frühe ›Kirchenspaltung‹? Hat sich die Jerusalemer Tradition dann später gegen die galiläische Tradition durchgesetzt (Lukas!), ohne doch ihre Spuren ganz verwischen zu können?

Beginn der Kirchengeschichte

Auf diese Fragen gibt es bis heute noch keine befriedigende Antwort. Fest scheint nur zu stehen, daß Anhänger Jesu – als erster wohl Petrus – aufgrund von Erscheinungen des Gekreuzigten zur Gewißheit seiner Auferstehung gelangten. Aus dieser Gewißheit heraus kam es zur Bildung der ersten christlichen Gemeinden. Sie begannen die Botschaft von der Auferweckung Jesu, auf die sie sich gründeten, auszubreiten.
Dabei ist offensichtlich, daß es sich bei den Christuserscheinungen, der Gemeindegründung und dem Beginn der christlichen Mission um drei Aspekte ein und desselben Vorgangs handelt, die nicht voneinander getrennt werden können. Das wird auch dort deutlich, wo andere – wie Paulus oder Jakobus – davon betroffen werden, die nicht zu den Anhängern des irdischen Jesus gehörten: Auch hier fällt die Begegnung mit dem Auferstandenen mit der Bekehrung zu seiner Gemeinde und dem Beginn der apostolischen Tätigkeit zusammen. So beginnt mit den Erscheinungen des Auferstandenen zugleich die Geschichte der christlichen Kirche.

Wahrer Gott und wahrer Mensch

Auf dem Weg zur ›Glaubensregel‹

Auslegung und Entfaltung des Christusbildes

Die Geschichte der christlichen Kirche ist zugleich die Geschichte der Auslegung und Entfaltung des biblisch überlieferten Christusbildes. Daß dieser Prozeß im Neuen Testament selber einsetzt, ist deutlich geworden. Er vollzieht sich bereits hier im Wechselspiel mit dem religiös-kulturellen Umfeld: Um zu deuten, was ihnen in der Begegnung mit Jesus von Nazareth widerfahren ist, greifen schon die ersten Zeugen auf Vorstellungen und Begriffe zurück, die ihnen ihre eigene Tradition bzw. ihre Umwelt zur Verfügung stellt. Solche Deutung geschieht – wie könnte es auch anders sein – im Medium von Sprache, wobei Sprachwelten immer auch für spezifische kulturelle Wirklichkeiten und Zusammenhänge stehen. Die Auslegung und Entfaltung der überlieferten Glaubenserfahrungen, die Entfaltung des Christusbildes kann darum auch als ein Prozeß der Inkulturation, der Einwurzelung des Christenglaubens in unterschiedliche Kulturen, begriffen und beschrieben werden.

Kirchenspaltung in Jerusalem

In der Apostelgeschichte finden sich Hinweise auf eine erste Kirchenspaltung, von der die Gemeinde in Jerusalem schon früh betroffen wird. In der Stadt gibt es viele griechisch sprechende, von hellenistischer Kultur geprägte Juden. Meist handelt es sich dabei um Rückkehrer aus der *Diaspora*, der ›Zerstreuung‹, wie man die Judenschaft nennt, die außerhalb Palästinas lebt. Sie verfügen über eigene Synagogen. Manche von ihnen, die aus religiösen Gründen in die Heimat ihres Volkes zurückgekehrt sind, geben sich besonders strenggläubig. Andere vertreten im Blick auf Gesetz und Kult die offeneren Positionen des hellenistischen Diasporajudentums. Es ist anzunehmen, daß gerade aus ihren Kreisen einige zur christlichen Gemeinde stoßen. Der Bericht Apg 6,1-7 läßt darauf schließen, daß sich diese ›Hellenisten‹ von der Gemeinde des Petrus trennen und sich ein eigenes siebenköpfiges Leitungsgremium unter der Führung des Stephanus geben.

Gegen diese Gruppe hellenistischer Judenchristen – und nicht gegen die Petrus-Gemeinde – richtet sich wohl auch die erste blutige Verfolgung. Stephanus wird gesteinigt (Apg 6,8 – 7,60). Die übrigen werden aus Jerusalem vertrieben und zerstreuen sich »in die Länder Judäa und Samarien« (Apg 8,1). Dieses Ereignis ist von einschneidender Bedeutung für den weiteren Gang der Dinge: Die vertriebenen hellenistischen Judenchristen tragen die christliche Botschaft über die Grenzen Jerusalems, Judäas und Galiläas hinaus. In Antiochien entsteht die erste christliche Gemeinde, die auch für Heidenchristen offen ist. Zugleich erhalten hier ›die Christen‹ ihren Namen. Daß man sie jetzt *Christianoi* (griechisch) bzw. *Christiani* (lateinisch) nennt, weist darauf hin, daß sie in der Öffentlichkeit als eine deutlich von den übrigen Juden unterschiedene Gruppe in Erscheinung treten.

Unterwegs zu den Heiden

Daß hellenistische, griechisch sprechende Judenchristen zu Trägern der christlichen Mission werden, hat Folgen auch für Gehalt und Gestalt der Botschaft, die sie weitergeben. Lehre und Wirken Jesu – wie auch frühe Ansätze einer Lehre über Jesus – werden jetzt im Rahmen hellenistisch-jüdischer Vorstellungen interpretiert und fortgeschrieben. In der Konsequenz öffnet sich damit der ganze, von hellenistischer Kultur durchdrungene Bereich um das Mittelmeer für die christliche Mission. Dank der Mittlerschaft hellenistischer Judenchristen – an hervorragender Stelle ist hier Paulus zu nennen – wird eine ›Übersetzung‹ des Evangeliums in die Sprache und die Lebenswelt der griechisch sprechenden und griechisch denkenden Völker möglich.

In der Sprache der Griechen

Zugleich löst sich die Predigt von Jesus, dem Christus, von ihrem sprachlichen, kulturellen und religiösen Ursprung im aramäischen, jüdisch-palästinischen Sprach- und Kulturraum. Das läßt sich an vielen Einzelzügen verdeutlichen. Die Botschaft vom Anbruch der Gottesherrschaft, wie sie im Zentrum der Lehre und des Wirkens Jesu steht, tritt zurück. Sie wird zunehmend abgelöst von der individuellen Hoffnung des Glaubenden auf Errettung in Tod und Gericht. *Christus*, ursprünglich Titel des endzeitlichen ›Gesalbten‹, der das Friedensreich Davids errichten wird, verwandelt sich in einen Eigennamen. Die Bezeichnung ›Menschensohn‹ wird nicht mehr verstanden. Die Titel ›Gottessohn‹ und ›Herr‹ werden

Hellenisierung des Christusbildes

neu gefüllt. Jesus erscheint nun mehr und mehr als der ›gottgleiche Mensch‹ (griechisch *theios aner*), wie er den Griechen aus anderen religiösen Vorstellungen vertraut ist. Die radikalen ethischen Forderungen der Bergpredigt und anderer Jesus-Worte werden von einer ›häuslichen‹ – an der Ordnung des antiken ›Hauses‹ orientierten – Ethik abgelöst.

Apologeten des Glaubens

Einen wichtigen Beitrag zur Etablierung des Christentums auf der Bühne der griechisch-römischen Welt leisten christliche Schriftsteller des 2. Jahrhunderts, die unter der Bezeichnung *Apologeten* (von griechisch *apologia* = Verteidigung[srede]) zusammengefaßt werden. Sie richten sich mit ihren Schriften an die gebildeten Griechen, denen sie die christliche Lehre und die Lebensformen der christlichen Gemeinden zu erklären versuchen. Sie bemühen sich dabei, vorhandene Vorurteile und Mißverständnisse auszuräumen. Zu diesem Zweck nehmen sie Vorstellungen und Begriffe der antiken Philosophien auf, die sie mit den überlieferten christlichen Inhalten verbinden. Sie reagieren damit in gewisser Weise auf wachsende Kritik an der neuen Religion, die sich insbesondere unter literarisch und philosophisch gebildeten Zeitgenossen entwickelt. Im Ergebnis dieser Auseinandersetzungen kommt es zu einer Synthese von griechisch-hellenistischer Philosophie und christlichem Glauben, die die gesamte weitere kirchliche Lehrentwicklung prägt. Die Einwurzelung des Christentums in die hellenistische Kultur, die anfänglich von den hellenistischen, griechisch sprechenden Judenchristen ausgeht, wird von ihnen weiter vorangetrieben. So gelten die Apologeten mit Recht als die eigentlichen Begründer einer christlichen Theologie.

Auseinandersetzung mit Irrlehren

Bald schon muß sich das frühe Christentum mit religiösen Strömungen auseinandersetzen, die das überlieferte Bild von Jesus, dem Christus, im Kern verfälschen und bedrohen. Zum Teil greifen sie ›von außen‹ auf die junge Kirche zu, zum Teil kommen sie aber auch – vielfältig mit den äußeren Einflüssen verflochten – ›von innen‹, aus den christlichen Gemeinden selbst. Die Auseinandersetzungen mit diesen ›Irrlehren‹ zwingen letzten Endes dazu, die eigenen Vorstellungen zu präzisieren und zu systematisieren. Sie tragen so entscheidend zur weiteren Ausbildung des christlichen Bekenntnisses und der christlichen Theologie bei.

Früher Vertreter einer solchen Sonderlehre ist der Christ Marcion (um 100 – 160 nach Christus). Er lehrt, daß die sichtbare Welt von einem bösen Gegengott, dem *Demiurgen* (griechisch *demiourgos* = Handwerker, Bildner, Schöpfer) geschaffen ist, der alle Geschöpfe in ihr beherrscht. Der wahre Gott der Liebe und der Barmherzigkeit hat mit der Erschaffung dieser Welt nichts zu tun. Er ist den Menschen unbekannt. Jesus Christus ist nicht der erwartete Messias der Juden, sondern der Sohn dieses fremden Gottes, ja, dieser fremde Gott selbst. Um den Demiurgen zu täuschen, nimmt er zum Schein einen menschlichen Leib an und läßt sich von ihm ans Kreuz liefern. Nachdem er so die Menschen von der Herrschaft des Demiurgen erlöst hat, kehrt er zu seinem Vater zurück.

Marcion

In dieser Lehre von den beiden Göttern wie auch in seiner negativen Sicht der erschaffenen Welt berührt sich Marcion eng mit der großen geistig-religiösen Strömung der *Gnosis* (griechisch = Erkenntnis), die im 2. Jahrhundert auch weite Teile der jungen Christenheit erfaßt und zu erbitterten theologischen Auseinandersetzungen in den Gemeinden führt. Die *Gnosis* ist keine in sich geschlossene Religion oder ein philosophisch-weltanschauliches System, sondern eher eine geistige Haltung, eine kulturelle Grundströmung, die sich in sehr verschiedener Gestalt verwirklicht und mit unterschiedlichen religiösen Überlieferungen verbindet. Aller Wahrscheinlichkeit nach ist sie nicht auf dem Boden des Christentums entstanden, hat sich aber dann doch auf vielfältige, im einzelnen sehr differenzierte Weise mit Elementen des Christentums verbunden und auch zu eigenen christlichen Gemeinschaftsbildungen geführt.

Die gnostische Krise

Da die geschaffene Welt vom Gnostiker als wesenhaft böse und verderbt erlebt wird, kann Erlösung nur die Befreiung aus der Gefangenschaft der Materie und des Leibes bedeuten. Viele gnostische Systeme fassen dies in die Vorstellung von den ›Lichtfunken‹, die einst in die Finsternis der Materie eingeschlossen wurden und nun auf ihre Heimholung in die Lichtwelt warten. Aufgabe des Erlösers, der ›von außen‹ in diese Welt eindringt, ist es, die mit ›Lichtfunken‹ beseelten Menschen an ihren jenseitigen Ursprung zu erinnern und sie zurück in die Lichtwelt zu rufen. Die gnostische Welt- und

Grundzüge gnostischen Denkens

Leibverachtung kann in ethischer Hinsicht zu sehr unterschiedlichen Konsequenzen führen: Während die einen eine radikale Askese predigen, propagieren andere libertinistische, äußerst freizügige Grundsätze, die sie mit der Zugehörigkeit des Leibes zur nichtigen, verachtenswerten Schöpfung des Demiurgen rechtfertigen.

Die ›Glaubensregel‹

Die Entwicklung und Fixierung eines Glaubensbekenntnisses, einer festen, für alle verbindlichen ›Glaubensregel‹ (lateinisch *regula fidei*), erweist sich in den genannten Auseinandersetzungen als ein wichtiges Instrument zur Wahrung und Durchsetzung kirchlicher Einheit. Ihren Ursprung hat diese ›Glaubensregel‹ vermutlich im Bekenntnis, das bei der Taufe gesprochen wird. Wie das konkret vor sich gegangen sein mag, läßt sich aus der ›Apostolischen Überlieferung‹ des Hippolyt von Rom (gestorben um 235) erschließen. Hier findet sich ein dreigliedriges Taufbekenntnis in der Gestalt eines Dialogs zwischen dem Täufer und dem Täufling. Aus Frage und Antwort, dem Dialog, der den Vollzug der Taufe begleitet – nach jeder Antwort wird der Täufling in das Wasser getaucht –, hat sich vermutlich dann das deklaratorische Bekenntnis entwickelt, die ›Glaubenserklärung‹, wie sie heute in christlichen Gottesdiensten von der Gemeinde gesprochen wird: »Ich glaube an Gott, den Vater ...«

Taufbekenntnis

Glaubst du an Gott, den Vater, den Allmächtigen?
Ich glaube.
Glaubst du an Christus Jesus, den Sohn Gottes,
der geboren ist vom Heiligen Geist aus der Jungfrau Maria
und gekreuzigt ist unter Pontius Pilatus
und gestorben ist und begraben,
und am dritten Tage auferstand, lebendig von den Toten,
und aufstieg in den Himmel und sitzt zur Rechten des Vaters,
der kommen wird zu richten die Lebenden und die Toten?
Ich glaube.
Glaubst du an den Heiligen Geist in der heiligen Kirche
und die Auferstehung des Fleisches?
Ich glaube.

Apostolisches Glaubensbekenntnis

Anfänglicher Ort dieses Bekenntnisses ist wohl der Unterricht der Taufbewerber. Als frühe Form einer ›Glaubenserklärung‹, die den von Hippolyt tradierten Tauffragen entspricht, ist uns aus dem 3. Jahrhundert das altrömische Glaubensbekenntnis, das *Symbolum Romanum*, überliefert. Es bildet die Vorstufe des *Symbolum apostolicum*, des Apostolischen Glaubensbekenntnisses. Seinen Namen verdankt es einer Legende: Zu Pfingsten, so wird erzählt, hätten die Apostel unter dem unmittelbaren Einwirken des Heiligen Geistes das Bekenntnis formuliert; dabei habe Petrus begonnen: »Ich glaube an Gott, den allmächtigen Vater«, und jeder der Apostel habe einen Satz hinzugefügt.

Ursprung in der Glaubensverkündigung

Ursprünglich, so darf man annehmen, ist das Bekenntnis aus der Glaubensverkündigung erwachsen: Zentrale Themen der christlichen Predigt – Leiden, Tod und Auferstehung Jesu, seine Erhöhung zu Gott, seine Wiederkunft – verdichten sich bald schon zu festen, einprägsamen Sätzen. In dieser Gestalt werden sie wieder und wieder verkündet, weiterüberliefert, zu größeren Einheiten zusammengefaßt. Als solche sind sie dann auch Gegenstand der Taufunterweisung und werden über dem Täufling bei seiner Taufe ›ausgerufen‹. In der Auseinandersetzung mit der Gnosis und anderen Häresien (von griechisch *hairesis* = Schule, Sekte, Lehrmeinung) gewinnt das Bekenntnis dann seine kritisch-polemische, ab- und ausgrenzende Funktion. Die verkündigenden, *kerygmatischen* (von griechisch *kerygma* = Ausruf, Verkündigung, Predigt) Sätze des Bekenntnisses werden nun gegen die gnostischen Lehren formuliert und ausgelegt.

Andere Glaubensbekenntnisse

Das sogenannte ›Apostolische Glaubensbekenntnis‹, wie wir es oben in seinem Grundstock zitiert haben, ist ein Text, der im Abendland entstanden ist und auch nur hier zu Geltung und Gebrauch gelangt (endgültig seit den Zeiten Karls des Großen, 742-814). Die Kirchen des christlichen Ostens benutzen es weder bei der Taufe noch im Gottesdienst. Auch dem dort gebräuchlichen ›Nizänischen‹ – genauer: ›Nizänisch-Konstantinopolitanischen‹ – Glaubensbekenntnis liegt ein altes Taufbekenntnis, vermutlich das der Kirche von Jerusalem, zugrunde: Als man auf dem Konzil von Nizäa im Jahre 325 nach einer verbindlichen Bekenntnisformel sucht, um die Irrlehre des Arius abzuwehren – davon wird im folgenden noch die Rede sein –, entscheidet man sich für das Jerusalemer Bekenntnis als Basistext. In diesen Text werden dann die antiarianischen Formeln, auf die man sich einigt, eingetragen. Auf dem Konzil von Konstantinopel im Jahre 381, das die arianischen Wirren beendet, wird dann von den Konzilsvätern die erweiterte, heute gebräuchliche Fassung des Nizänischen Bekenntnisses angenommen. Manche Forscher halten diese Fassung jedoch für einen älteren, eigenständigen Text.

Um die Gottheit Christi

Ein Staat, eine Kirche, ein Bekenntnis

Das 4. Jahrhundert in der Geschichte des Christentums bringt nicht nur mit der ›konstantinischen Wende‹ (unter Kaiser Konstantin ›dem Großen‹, 306-337) den Sieg der Kirche über den heidnischen Staat. Es ist auch Schauplatz heftigster innerkirchlicher Auseinandersetzungen, in deren Verlauf zentrale christliche Lehrsätze – vom Wesen Gottes und der Gottheit Christi – entwickelt und festgeschrieben werden. Politische und theologische Entwicklungen greifen dabei ineinander: Das Interesse des römischen Staates an der kirchlichen Einheit, die ihrerseits die Reichseinheit garantieren soll, zwingt die Kirche zur verbindlichen Festlegung und Durchsetzung ihrer Lehre. Dies geschieht vielfach unter engagierter Beteiligung der jeweiligen Herrscher, die sich nicht scheuen, zur Erreichung ihrer Ziele auch politische Machtmittel einzusetzen. Dogmatische Fragen werden auf solche Weise zu öffentlichen Angelegenheiten von staatspolitischer Bedeutung, die die gesamte Bevölkerung bewegen.

Jesus als ›Sohn Gottes‹: Verhältnis zum Vater

Von den zahlreichen Titeln, die Jesus im Neuen Testament beigelegt werden, sind die Bezeichnungen als ›Sohn Gottes‹ und als ›Logos Gottes‹ in theologischer Hinsicht besonders folgenreich. Sie zwingen dazu, das Verhältnis Jesu zu seinem göttlichen Vater wie auch die Art seiner Anteilhabe an der Gottheit Gottes näher zu bestimmen. Im 2. und 3. Jahrhundert bilden sich hierzu zwei theologische Richtungen heraus:

Origenes und die ›Logos-Christologie‹: Christus dem Vater nachgeordnet

(1) Origenes (um 185 – um 254) und andere christliche Theologen nehmen den *Logos*-Begriff (griechisch *logos* = Wort) auf, wie er schon von dem jüdischen Philosophen Philo (um 25 vor – 45 nach Christus) verwendet und vom Johannesevangelium und den frühchristlichen Apologeten auf Jesus Christus bezogen wird. Sie entwickeln eine ›Logos-Christologie‹, die einerseits Jesus Christus als dem ewigen, präexistenten ›Wort Gottes‹ göttliches Wesen zuschreibt – er ist *theanthro-*

pos, ›Gottmensch‹ –, ihn andererseits aber Gott, dem Vater, eindeutig unterordnet (*Subordinatianismus*, von lateinisch *subordinatio* = Unterordnung). Dem *Logos* wiederum ist seinerseits der Geist – die dritte göttliche Wesenheit – untergeordnet.

Ein Gott, drei ›Rollen‹: die Monarchianer

(2) Ihnen stehen die ›modalistischen Monarchianer‹ (von griechisch *monarchia* = Alleinherrschaft) gegenüber, die in den drei göttlichen Wesenheiten – Vater, Sohn und Geist – nur unterschiedliche Erscheinungsweisen (lateinisch *modi*, Singular *modus*) und (Schauspieler-)›Rollen‹ (griechisch *prosopa*, lateinisch *personae*, ›Personen‹) des *einen* Gottes erblicken. Sie behaupten faktisch die Identität der drei göttlichen ›Personen‹ und müssen sich deshalb den Vorwurf gefallen lassen, sie lehrten einen ›Patripassianismus‹ (von lateinisch *pater* = Vater und *passio* = Leiden: in der Gestalt des Sohnes habe der Vater selbst am Kreuz gelitten). Eine andere Richtung, die der ›dynamistischen Monarchianer‹, sieht in Jesus lediglich den von einer göttlichen Kraft (griechisch *dynamis*) erfüllten Menschen.

Der arianische Streit: der Logos als Geschöpf Gottes

Im Mittelpunkt der Lehrstreitigkeiten des 4. Jahrhunderts steht der ›arianische Streit‹ (318-381), der mit dem Namen des alexandrinischen Presbyters Arius (280-336) verbunden ist. Er lehrt – nach allem, was sich noch erschließen läßt – einen strengen Subordinatianismus: Der *Logos* ist von Gott aus dem Nichts erschaffen worden, ist also ein Geschöpf Gottes, von Gott zum Sohn adoptiert. Der menschgewordene Sohn wird zwar ›Gott‹ genannt, ist es aber in Wahrheit nicht. Auf einer Synode in Alexandria im Jahre 318 wird Arius wegen solcher Lehren von seinem Bischof Alexander verurteilt und muß fliehen.

Konzil von Nizäa 325: Christus ›wesenseins‹ mit dem Vater

Um die Streitigkeiten beizulegen, beruft Kaiser Konstantin 325 die Synode von Nizäa ein. Sie verwirft die Lehre des Arius und verabschiedet ein Bekenntnis, das die Aussage enthält, der Sohn – aus dem Vater ›geboren‹, ›nicht geschaffen‹! – sei ›eines Wesens‹ (griechisch *homoousios; ousia* = Substanz, Wesen) mit dem Vater. Diese Formel wird zum Angelpunkt des weiteren Streites.

Sieg der Arianer

Das Blatt wendet sich schon bald zugunsten der arianischen Partei und gegen die ›Nizäner‹. Konstantin begünstigt mehr und mehr die Gegner des nizänischen Bekenntnisses. Seine

Söhne setzen diese Politik fort. Der Führer der arianischen Partei, Bischof Eusebius von Nikomedien, darf bereits 328 in sein Bistum zurückkehren und wird unter Kaiser Konstantius sogar Metropolit von Konstantinopel (339-341). Auch die Verbannung des Arius wird aufgehoben. Er stirbt kurz vor seiner Wiedereinsetzung in das Presbyteramt. Athanasius, Führer der antiarianischen Partei und seit 328 Bischof von Alexandrien, wird 335 abgesetzt und flieht 338 mit anderen einflußreichen Anhängern nach Rom.

Auseinandersetzungen zwischen Rom und dem Osten

Die römische Kirche, auf solche Weise in den Streit verwikkelt, stellt sich auf einer Synode im Jahre 340 auf die Seite des Athanasius. Hiergegen wiederum wendet sich auf der ›Kirchweihsynode‹ von Antiochien 341 die Mehrheit der östlichen Bischöfe. Eine von den Söhnen Kaiser Konstantins, Konstantius (337-361) und Konstans (337-350), im Jahre 342 nach Sardica einberufene Synode bringt keine Lösung. Auf Druck des Konstantius muß sich die abendländische Kirche auf den Synoden von Arles (353) und Mailand (355) von Athanasius trennen und das *homoousios* verwerfen. Athanasius, der 346 in sein Bistum zurückgekehrt war, muß erneut fliehen. Kompliziert wird die Situation auch dadurch, daß sich unter den Gegnern des nizänischen *homoousios* drei Parteien bilden.

Drei antinizänische Parteien: Anhomöer, Homöusianer, Homöer

(1) Die radikalen Arianer vertreten die Meinung, der Sohn sei in allem dem Vater ›unähnlich‹, ›ungleich‹ (griechisch *anomoios*, deshalb Partei der *Anhomöer*).

(2) Dagegen vertreten von Origenes geprägte Theologen des Ostens die Auffassung, der Sohn sei ›nach dem Wesen dem Vater ähnlich‹ (griechisch *homoiousios* statt *homoousios*; deshalb Partei der *Homöusianer*).

(3) Dazwischen steht die am kaiserlichen Hof vertretene Partei, die eine dehnbare Kompromißformel anbietet, die auf einen Bezug zum ›Wesen‹ Gottes ganz verzichtet: Der Sohn sei, so lehrt man, dem Vater ›ähnlich nach den (heiligen) Schriften‹ (griechisch *homoios* = ähnlich, gleichartig; deshalb Partei der *Homöer*).

Erneute Wendung: Kompromiß mit den Homöusianern

Nach 361 bahnt sich eine erneute Wendung an: Die Anhänger des Nizänums verbinden sich mit der Partei der *Homöusianer* (Richtung der ›Neu-Orthodoxie‹ bzw. ›Jung-Nizäner‹). Auf einer Synode in Alexandrien 362 verzichtet

Athanasius darauf, das nizänische *homoousios* exklusiv im Sinne von ›wesenseins‹ zu interpretieren. Er gibt die Deutung ›wesensgleich‹ frei.

Vermittlungstheologen aus Kappadozien

Bei der theologischen Vermittlung zwischen den Parteien spielen die – nach ihrer Herkunft so genannten – ›drei großen Kappadozier‹ Basilius der Große (gestorben 379, Bischof von Cäsarea), Gregor von Nazianz (gestorben um 390) und Gregor von Nyssa (gestorben nach 394) eine wichtige Rolle. Auf sie geht letztlich die Unterscheidung zwischen dem einen, ungeteilten ›Wesen‹ Gottes (griechisch *mia ousia* = ein einziges Wesen) und seinen drei ›Seinsweisen‹ (griechisch *treis hypostaseis* = ›Hypostasen‹) zurück.

Endgültige Niederlage der Arianer: Nizäno-Konstantinopolitanisches Glaubensbekenntnis

Theodosius, seit 379 zunächst Mitkaiser im Osten, verfolgt eine antiarianische Kirchenpolitik. Die unter seinem Einfluß stehende Synode von Konstantinopel 381 verwirft die *Anhomöer* und *Arianer* und bestätigt ausdrücklich die Beschlüsse von Nizäa (vergleiche oben die Ausführungen zum *Nizäno-Konstantinopolitanischen Glaubensbekenntnis*):

Wir glauben an den einen Gott,
den Vater, den Allmächtigen,
der alles geschaffen hat,
Himmel und Erde,
die sichtbare und die unsichtbare Welt.
Und an den einen Herrn Jesus Christus,
Gottes eingeborenen Sohn,
aus dem Vater geboren vor aller Zeit:
Gott von Gott, Licht vom Licht,
wahrer Gott vom wahren Gott,
gezeugt, nicht geschaffen,
eines Wesens mit dem Vater;
durch ihn ist alles geschaffen.
Für uns Menschen und zu unserm Heil
ist er vom Himmel gekommen,
hat Fleisch angenommen
durch den Heiligen Geist
von der Jungfrau Maria
und ist Mensch geworden ...

Arianismus bei den Germanen

Damit ist der arianische Streit innerkirchlich zwar entschieden. Doch bleibt der Arianismus schon dadurch weiterhin politisch wie religiös von Einfluß, weil die Westgoten nach ihrer Bekehrung durch Wulfila sich der arianischen Lehre anschließen und sie auch an andere germanische Stämme weitergeben. Sie errichten ein eigenes, von der Reichskirche unabhängiges, arianisches Kirchenwesen.

Um die Menschheit Christi

Gottheit und Menschheit in Christus

Die arianischen Streitigkeiten des 4. Jahrhunderts finden in gewisser Weise ihre Fortsetzung in den christologischen Auseinandersetzungen des 5. Jahrhunderts. Steht einmal fest, daß der Sohn dem Vater ›wesensgleich‹ (*homoousios*) ist, erhebt sich die Frage, wie denn das Verhältnis von Gottheit und Menschheit im menschgewordenen Sohn Gottes näherhin zu bestimmen und auszusagen sei. Dabei spielen kirchenpolitische Gegensätze zwischen den Patriarchaten des Ostens, die untereinander um die Vorherrschaft ringen, ebenso eine Rolle wie die Konkurrenz theologischer Schulen.

Kirchenverfassung und Rolle der Patriarchate

In der Kirche der ersten Jahrhunderte wird es üblich, daß sich die Bischöfe einer Provinz in der jeweiligen Provinzhauptstadt (griechisch *metropolis* = Mutterstadt) zu Synoden (griechisch *synodos* = Zusammenkunft) treffen, um wichtige Fragen gemeinsam zu beraten und zu entscheiden. Daraus entwickelt sich eine kirchliche Provinzialverfassung: Die Gemeinden der jeweiligen Verwaltungseinheit bilden eine Kirchenprovinz, eine Metropolie (griechisch auch *eparchia*), der der Bischof der Provinzhauptstadt als Metropolit (im Abendland später *archiepiscopus*, Erzbischof, genannt) vorsteht. Noch größere Verbände bilden sich um die ebenso politisch-kulturell wie kirchlich bedeutsamen Zentren Antiochien, Alexandrien und Rom, zu denen später noch Jerusalem und Konstantinopel (Byzanz) treten. Die hier residierenden Bischöfe haben den Rang von Patriarchen (griechisch *patriarches* = Stammvater). Die Gebiete, die ihrem Einfluß unterstehen, heißen Patriarchate.

(1) Die führenden Theologen von Antiochien, einem der vier östlichen Patriarchensitze, lehren die *Trennung* von göttlicher und menschlicher Natur in Jesus Christus: Der göttliche *Logos* – seinem Wesen nach ewig und leidensunfähig – habe sich in der Geburt Jesu mit einem vollkommenen Menschen

aus dem Geschlecht des Königs David verbunden, ohne sich mit dessen Menschennatur zu vermischen. In der Konsequenz bedeutet das die Aufspaltung der Persönlichkeit des Erlösers in zwei handelnde Subjekte, ein göttliches und ein menschliches, wobei das menschliche Subjekt sich durch eigene sittliche Anstrengungen und vorbildlichen Lebenswandel immer enger mit dem göttlichen verbindet.

Schule von Antiochien: Trennung von göttlicher und menschlicher Natur

(2) Die Theologen des einflußreichen Patriarchats von Alexandrien vertreten demgegenüber die völlige, wesenhafte *Einheit* von göttlicher und menschlicher Natur in der Person Jesu Christi, wobei sie den Akzent – anders als die Antiochener – nicht auf seine *Menschheit*, sondern seine *Gottheit* legen. Diese habe, so lehren sie, die Menschennatur gleichsam angezogen wie ein Kleid.

Schule von Alexandrien: wesenhafte Einheit der Naturen

(3) Theologen des Abendlandes gehen – in der Nachfolge Tertullians (um 160 bis nach 220) – einen mittleren Weg: Sie lehren, in der Person Jesu seien zwei ›Substanzen‹ – die menschliche und die göttliche – unvermischt miteinander verbunden.

Abendländische Christologie

Die Auseinandersetzungen verlaufen in zwei Phasen: dem ›nestorianischen Streit‹ (428-433) und dem ›eutychianischen Streit‹ (448-451). Sie enden damit, daß sich im Osten eine Reihe von Nationalkirchen bildet, die sich in Lehre und Organisation von der Reichskirche trennen. Entscheidende Höhe- und Wendepunkte sind die ökumenischen Konzilien von Ephesus (431) und Chalcedon (451).

Nestorianischer und eutychianischer Streit

(1) Nestorius, Patriarch von Konstantinopel, ist ein Vertreter der antiochenischen Schule. 428 predigt er gegen die damals schon verbreitete Übung, Maria, die Mutter Jesu, als ›Gottesgebärerin‹ (griechisch *theotokos*) zu bezeichnen. Seiner Meinung nach steht ihr lediglich der Titel ›Christusgebärerin‹ zu. Nestorius lehrt, daß sich menschliche und göttliche Natur in der einen Person Jesu Christi nur ›berühren‹ (griechisch *synhapheia* = Gemeinschaft der Berührung); Gott *verbindet* sich mit einem Menschen, wird aber nicht wirklich Mensch. Cyrill, Patriarch von Alexandrien und den dort vertretenen theologischen Meinungen verpflichtet, wendet sich mit großer Heftigkeit gegen Nestorius und verteidigt die Bezeichnung ›Gottesgebärerin‹ für Maria: In Jesus Christus *verbinden* Gottheit und Menschheit sich nicht nur, sie werden vielmehr we-

Maria: Gottesgebärerin oder Christusgebärerin?

sensmäßig *eins* (griechisch *henosis physike* = naturhafte Wesenseinheit). Nestorius und Cyrill wenden sich beide an den römischen Bischof Coelestin, der 430 die Angelegenheit zugunsten des Alexandriners entscheidet.

Konzil von Ephesus 431: Verurteilung des Nestorius

Das von Kaiser Theodosius II. (408-450) im Jahre 431 nach Ephesus einberufene Konzil endet – nach erheblichen Wirren – schließlich mit der Verurteilung und Absetzung des Nestorius. Doch der Streit setzt sich fort, und Theodosius II. sieht sich erneut zum Einschreiten genötigt: Er veranlaßt beide Parteien im Jahre 433 zu einer Übereinkunft (›Union‹), die im wesentlichen den antiochenischen Auffassungen entspricht. Um seinerseits den Alexandrinern entgegenzukommen, stimmt der Patriarch von Antiochien, Johannes, der Verurteilung des Nestorius zu, der 451 im ägyptischen Exil stirbt.

Eutychianischer Streit: Einnaturenlehre

(2) Neuerliche Auseinandersetzungen entzünden sich an der Person des Eutyches, der – entgegen der Übereinkunft von 433 – eine strenge ›Einnaturenlehre‹ (griechisch *mia physis* = eine Natur) vertritt: Jesus, so lehrt er, habe nur äußerlich wie ein Mensch ausgesehen, sei jedoch in Wahrheit ganz und gar – auch mit seinem Leibe – göttlicher Natur gewesen, in keiner Hinsicht uns Menschen wesensgleich. 448 wird Eutyches von einer Synode in Konstantinopel unter dem dortigen Patriarchen Flavian verurteilt, was wiederum auf den Widerstand des Patriarchen von Alexandrien, Dioskur, stößt.

Entscheidung Roms: Zwei Naturen in Christus

Erneut wenden sich die Kontrahenten nach Rom, wo sich Papst Leo I. (440-461) diesmal auf die Seite Konstantinopels (und damit der Antiochener) stellt: Nicht eine, sondern zwei Naturen, so entscheidet er, seien in Christus miteinander vereinigt. Eine von Theodosius II. 449 nach Ephesus einberufene Synode – wegen des Terrors, den Dioskur auf die Teilnehmer ausübt, geht sie als ›Räubersynode‹ in die Geschichte ein – endet mit dem Sieg des Alexandriners und der Verurteilung Flavians.

Konzil von Chalcedon 451: unvermischt und ungetrennt

Doch der Tod Theodosius II. bringt eine erneute Wende: Das von der Kaiserin Pulcheria 451 nach Chalcedon einberufene Konzil setzt den alexandrinischen Patriarchen ab und verabschiedet das *Chalcedonense*, eine Bekenntnisformel, die zwischen den extremen theologischen Positionen vermittelt: Christus, so wird gelehrt, sei in vollkommener Weise ebenso

Gott wie Mensch, wesensgleich (*homoousios*) mit dem Vater ›nach der Gottheit‹ und mit uns ›nach der Menschheit‹. Beide Naturen, die göttliche wie die menschliche, seien in ihm ›unvermischt‹ (griechisch *asynchytos*) und ›unverwandelt‹ (griechisch *atreptos*), aber auch ›ungetrennt‹ (*adihairetos*) und ›ungesondert‹ (*achoristos*) gegenwärtig. So besitzt Jesus Christus zwei ›Naturen‹, dies aber in einer ›einzigen Person‹.

Nichtchalcedonensische Nationalkirchen

Die Vertreter der ›Einnaturenlehre‹ (*Monophysiten*, von griechisch *monos* = allein, einzig, und *physis* = Natur) finden sich nicht mit diesem Kompromiß ab. In Ägypten wie in Syrien kommt es zur Wahl monophysitischer Gegenpatriarchen. Zu den ›nichtchalcedonensischen‹ Nationalkirchen, die sich in der weiteren Entwicklung von der Reichskirche lösen, gehören heute die westsyrische, die koptische, die äthiopische und die armenische Kirche.

Ostsyrisch-nestorianische Christen

Nicht monophysitischen, sondern nestorianischen Überzeugungen folgen die Christen Persiens (ostsyrisch-nestorianische, auch ›chaldäische‹ bzw. ›assyrische‹ Kirche; die offizielle Bezeichnung lautet: Apostolische Kirche des Ostens). Auf ihre Missionstätigkeit gehen auch die indischen ›Thomas-Christen‹ zurück.

Ausblick

Von der alten Kirche zu den Christusbildern der Gegenwart

Selbstverständlich beendet das Konzil von Chalcedon nicht die theologische Diskussion über die Person, das Werk, das Wesen des Jesus von Nazareth. Die Auseinandersetzungen hierüber gehen weiter – bis in die Gegenwart. Sie darzustellen, würde den Rahmen dieser knappen Einführung sprengen. Ein eigener Durchgang wäre erforderlich, um den Weg von der alten Kirche bis zu den ›Christusbildern‹ zu skizzieren, wie sie gegenwärtig innerhalb und außerhalb von Kirche und Theologie entworfen werden. Auch eigene Angebote, wie diese komplizierte Geschichte der Christus-Deutung denn nun zu verstehen und zu bewerten sei, kann und will diese erste Einführung in das Thema ›Jesus Christus‹ nicht unterbreiten. Aus gutem Grund beschränkt sie sich im wesentlichen auf die biblischen Grundlagen. Weiteres kann – wenn es die Gelegenheit ergibt – später ausgeführt werden.

Schwierigkeiten beim Verstehen

Die altkirchliche ›Christologie‹, wie die Theologen sagen – sie meinen damit die Lehre von Jesus Christus –, hat ihre gedanklich-begrifflichen Wurzeln vornehmlich in der griechisch sprechenden und griechisch denkenden Welt des östlichen Christentums. Das gilt unbeschadet wichtiger Beiträge lateinisch sprechender und schreibender Theologen des Westens, auf die wir bei unserem kurzen Durchgang aufmerksam geworden sind. Die begrifflich hoch differenzierten Auseinandersetzungen um die Gottheit Jesu Christi und das Verhältnis der beiden ›Naturen‹ in der Person des Erlösers bereiten heutigen Lesern erhebliche Verstehensschwierigkeiten. Das gilt selbst – den Nichttheologen sei es zum Troste gesagt – für eine Mehrzahl der Theologen.

Existentieller Kern der Auseinandersetzungen

Deshalb tut man gut daran, sich immer wieder den existentiellen Kern dieses Ringens zu verdeutlichen: Nicht systematisches oder historisches Interesse im modernen Sinn bewegt die altkirchlichen Theologen, sondern die Frage danach, wie denn der Mensch – der Sünde und dem Tod verfallen – gerettet werden könne. Nichts weniger als der »Sieg über die Sterblichkeit« ist das geheime Thema dieser Theologie. Faszinierend ist die Weite, die die Vision einer erlösten Welt dabei gewinnt. Dazu gehört die Vorstellung, daß Gott selbst – Inbegriff und Quelle unvergänglichen Lebens – sich in einem Menschen leiblich dieser Welt verbindet. Verständlich die Sorge, die Gottheit Gottes könne dabei – betont man zu sehr das ›ungetrennt‹ und ›ungesondert‹ solcher Verbindung – Schaden nehmen. Verständlich aber auch die Haltung, die auf der ›Wesenseinheit‹ von Vater und Sohn und auf der Einheit der beiden ›Naturen‹ in Christus beharrt: Hat sich Gott so sehr in diese Welt versenkt, kann diese nie mehr ganz verloren gehen.

Kulturelle Übergänge

›Christusbilder‹ – das haben wir gesehen – werden in den Farben und Formen entworfen, die das jeweilige religiös-kulturelle Umfeld zur Verfügung stellt. Das ist bereits in den Anfängen so. Das zeigt sich schon beim Übergang vom aramäisch-palästinischen in den hellenistischen Kulturraum. Das ist auch bei der Ausbildung einer eigenständigen westlich-lateinischen Christologie mit Händen zu greifen. Das wird erneut akut an der Schwelle zur Neuzeit: Wandlungen im Gottesverhältnis – als Stichworte werden unter anderem angeboten: Existentialisierung und Individualisierung – führen natürlich auch zu neuen Bestimmungen in der Christologie.

Reduktion auf die Vorbildfunktion?

Für die Gegenwart ist die Situation – wie könnte es auch anders sein – unübersichtlich. Vordergründig scheint es, als werde die Figur des Jesus von Nazareth weithin auf gewisse Vorbildfunktionen reduziert: ein durch und durch respektabler Mensch, ausgezeichnet durch ein hohes Ethos, Inbegriff der Mitmenschlichkeit, der Friedfertigkeit, der Güte schlechthin. Oder ein großer Träumer, vielleicht gar ein Revolutionär, mit der Vision von einer neuen, besseren Weltordnung begabt, der Vision eines neuen, besseren Menschen.

Christusbilder der Gegenwart

Aber was verbirgt sich wirklich dahinter, wenn – um nur willkürliche Beispiele zu nennen – Jesus heute als »der integrierte Mann« beschrieben oder als »Mensch in Beziehung« begriffen wird? Wird hier nicht auch – bewußt oder unbewußt – der Versuch unternommen, das Leben und Wirken Jesu in Kategorien auszulegen, die für Zeitgenossen (und Zeitgenossinnen) so etwas wie letztgültiges ›Heil‹ verbürgen? Wieder andere deuten – und auch hierin haben sie Vorgänger und Vorgängerinnen in der Geschichte des Christentums – die Figur des Jesus von Nazareth mit Hilfe philosophisch-psychologischer Terminologien: Da ist zum Beispiel von Christus als dem »Archetypus des Selbst« die Rede, als Symbol für das, was den Menschen im Innersten bestimmt und zur Vollendung drängt. Dem entsprechen theologische Entwürfe, die in Jesus »das Bild wesenhaften Menschseins« (Paul Tillich) erblicken oder ihn – in einer Art theologischem Evolutionsmodell – als »Evolutor der Evolution« begreifen, die letzten Endes auf die »Gottwerdung der Welt« zielt (Teilhard de Chardin).

Rückgriff auf die Ursprünge

Es bleibt also spannend, sich mit Jesus von Nazareth, den sie ›den Christus‹ nannten und nennen, zu beschäftigen. Wer sich darauf einläßt, tut gut daran, immer wieder nach den Ursprüngen zu fragen. Die Geschichten, Bilder, Worte, die uns da überliefert werden, sind längst noch nicht in ihrem ›Sinn‹ ausgeschöpft. Sie zeigen sich jeder Zeit, jeder kulturellen Epoche, jedem Menschen wieder auf eine neue Weise. Die vorliegende Einführung möchte vor allem dem Leser, der nicht Theologe ist und über keinerlei Spezialkenntnisse verfügt, bei der Begegnung mit dieser Überlieferung behilflich sein. Sie erhebt in keiner Weise den Anspruch, dem Fachmann etwas Neues mitteilen zu wollen. Sie versucht vielmehr – wie schon die Einführung in die Bibel (KT 147) –, nach bestem Wissen und Gewissen einiges von dem zu vermitteln, was man gegenwärtig von Ursprung und Geschichte des Christentums wissen kann und wissen muß.

Literaturhinweise

Wer allgemeine Literaturhinweise zur Bibel sucht, den verweise ich auf das eben genannte Taschenbuch ›Grundwissen Theologie: Die Bibel‹ (Gütersloher Verlagshaus 1996), S. 95f. Informationen, die dort gegeben werden, wiederholt die vorliegende Einführung in der Regel nicht. Der Leser kann bei Fragen, die die Entstehung, die Gestalt, den Aufbau, den Inhalt der biblischen Bücher betreffen, auf das erste Taschenbuch zurückgreifen und sich dort informieren. Selbstverständlich kann er aber die vorliegende Einführung auch für sich nehmen und lesen. Häufiger zitiert wird hier: Jürgen Becker, Jesus von Nazaret, Berlin/New York 1996. Zu Beginn finden sich Zitate aus H. Sachs/E. Badstübner/H. Neumann, Christliche Ikonographie in Stichworten, Leipzig 1980, und H. Barz, Postsozialistische Religion, Opladen 1993.
Auch zum Thema ›Jesus von Nazareth‹ gibt es eine kaum überschaubare Fülle von Literatur. Ich verweise exemplarisch auf eine kleine Auswahl neuerer Veröffentlichungen:
Ingo Baldermann, Der Himmel ist offen. Jesus aus Nazareth: Eine Hoffnung für heute. Neukirchen-Vluyn/München 1991. – Gerhard Barth, Der Tod Jesu Christi im Verständnis des Neuen Testaments. Neukirchen-Vluyn 1992. – Karlmann Beyschlag, Grundriß der Dogmengeschichte. Bd. 1: Gott und Mensch. Das christologische Dogma. Darmstadt 1991. – Herbert Braun, Jesus – der Mann aus Nazareth und seine Zeit (GTB 1422). Gütersloh ^{2}1989. – Rudolf Bultmann, Jesus (UTB 1272). Tübingen 1994 (Nachdruck der Neuausgabe 1983). – John Dominic Crossan, Der historische Jesus. München 1994. – Gerhard Dantzenberg, Studien zur Theologie der Jesus-Tradition – Neues Testament (Stuttgarter Biblische Aufsatzbände 19). Stuttgart 1995. – Eugen Drewermann, Jesus von Nazareth – Befreiung zum Frieden. Bd. 2: Glauben in Freiheit. 1996. – David Flusser, Entdeckungen im Neuen Testament. Bd. 2: Jesus – Qumran – Urchristentum. Neukirchen-Vluyn 1996. – Joachim Gnilka, Jesus von Nazaret. Botschaft und Geschichte. Sonderausgabe. Freiburg i. Br. ^{3}1995. – Marie-Luise Gubler, Wer wälzt uns den Stein vom Grab? Die Botschaft von Jesu Auferweckung. Mainz 1996. – Ferdinand Hahn, Christologische Hoheitstitel. Ihre Geschichte im frühen Christentum (UTB 1873). Göttingen ^{5}1995. – Volker Hampel, Menschensohn und historischer Jesus. Ein Rätselwort als Schlüssel zum messianischen Selbstverständnis Jesu. Neukirchen-Vluyn 1990. – Roman Heiligenthal, Der Lebensweg Jesu von Nazareth. Eine Spurensicherung. Stuttgart 1994. – Rudolf

Hoppe, Jesus. Von der Krippe an den Galgen. Stuttgart 1996. – Marinus de Jonge, Christologie im Kontext. Die Jesusrezeption des Urchristentums. Neukirchen-Vluyn 1995. – Renate Jost/Eveline Valtink (Hg.), Ihr aber, für wen haltet ihr mich? Auf dem Weg zu einer feministisch-befreiungstheologischen Revision von Christologie. Gütersloh 1996. – Walter Kasper, Der Gott Jesu Christi. Mainz 1995. – Walter Kasper, Jesus der Christus. Mainz [11]1992. – John N. D. Kelly, Altchristliche Glaubensbekenntnisse. Geschichte und Theologie (UTB 1746). Göttingen [2]1993. – Friedrich-Wilhelm Marquardt, Das christliche Bekenntnis zu Jesus, dem Juden. Eine Christologie. Gütersloh. Bd. 1: [2]1993. Bd. 2: 1991. – Helmut Merklein, Die Jesusgeschichte – synoptisch gelesen. Stuttgart 1995. – Jürgen Moltmann, Der Weg Jesu Christi. Christologie in messianischen Dimensionen. Gütersloh 1989. – Jürgen Moltmann, Wer ist Christus für uns heute? (KT 129). Gütersloh 1994. – Wolfhart Pannenberg, Grundzüge der Christologie. Gütersloh [7]1990. – Horst Georg Pöhlmann, Wer war Jesus von Nazareth? (GTB 1423). [7]1991. – Carl Heinz Ratschow, Jesus Christus (Handbuch Systematischer Theologie 5). Gütersloh [2]1994. – Eckhard Rau, Von Jesus zu Paulus. Entwicklung und Rezeption der antiochenischen Theologie im Urchristentum. Stuttgart 1994. – Eugen Ruckstuhl, Jesus Freund und Anwalt der Frauen. Frauenpräsenz und Frauenabwesenheit in der Geschichte Jesu. Stuttgart 1996. – Rudolf Schnackenburg, Die Person Jesu Christi im Spiegel der vier Evangelien (Herders Theologischer Kommentar zum NT. Suppl.-Bd. IV.2). Freiburg i. Br. [2]1994. – Luise Schottroff/Wolfgang Stegemann, Jesus von Nazareth – Hoffnung der Armen (Urban-Taschenbücher 639). Stuttgart 3. Auflage 1990. – Heinz Schürmann, Jesus – Gestalt und Geheimnis. Paderborn 1994. – Eduard Schweizer, Jesus, das Gleichnis Gottes (Kleine Vandenhoeck Reihe 1572). Göttingen [2]1996. – Reinhard Staats, Das Glaubensbekenntnis von Nizäa-Konstantinopel. Darmstadt 1996. – Alex Stock, Poetische Dogmatik: Christologie. Paderborn. Bd. 1: Namen. 1995. Bd. 2: Schrift und Gesicht. 1996. – Gerd Theißen, Der Schatten des Galiläers. Gütersloh [13]1993. – Gerd Theißen/Annette Merz, Der Historische Jesus. Ein Lehrbuch. Göttingen 1996. – Wolfgang Trilling, Studien zur Jesusüberlieferung (Stuttgarter Biblische Aufsatzbände 1). Stuttgart 1988. – Geza Vermes, Jesus der Jude. Neukirchen-Vluyn 1993. – Hans Weder, Gegenwart und Gottesherrschaft. Überlegungen zum Zeitverständnis bei Jesus und im frühen Christentum (Biblisch-theologische Studien 20). Neukirchen-Vluyn 1993. – Dieter Zeller, Christus unter den Göttern. Zum antiken Umfeld des Christusglaubens. Stuttgart 1994.